U0042344

A Journey to the Origin of History and Culture in America

旅遊·文化·歷史·建築

美國歷史文化根源紀行

撰文·攝影◎李家祺

藝術家出版社

A Journey to the Origin of History and Culture in America

旅遊・文化・歷史・建築

美國歷史文化根源紀行

撰文・攝影◎李家祺

藝術家出版社

CONTENTS

A Journey to
the Origin of History
and Culture in America

CONTENTS 目錄

美國麻州簡圖
MASSACHUSETTS

25座主要城市位置圖

LEGEND

Expressway	91 495 Interstate
Primary Highway	9 20 state U.S. Route Route
Secondary Highway	90
Local Road	City, Town, or Locality

ℹ Visitor Information Center
💡 Lighthouse

Densely Populated Ares
Water
Ferry (seasonal)
Ferry (year round)

01 宏塞（Onset）
02 伯恩（Bourne）
03 木洞（Woods Hole）
04 南塔凱（Nantucket）
05 朴羅雲斯城（Provincetown）
06 朴里茅斯（Plymouth）
07 新百德福（New Bedford）
08 昆西（Quincy）
09 格拉斯特（Gloucester）
10 托朴斯園（Topsfield）
11 撒冷（Salem）
12 梭格斯（Saugus）
13 洛爾（Lowell）

14 康考德（Concord）
15 薩德百里（Sudbury）
16 史德橋（Sturbridge）
17 擺且城（Belchertown）
18 春田（Springfield）
19 南哈德里（South Hadley）
20 北耶姆朴頓（Northampton）
21 鹿園（Deerfield）
22 北亞當斯（North Adams）
23 匹茲園（Pittsfield）
24 里諾克斯（Lenox）
25 史塔克橋（Stockbridge）

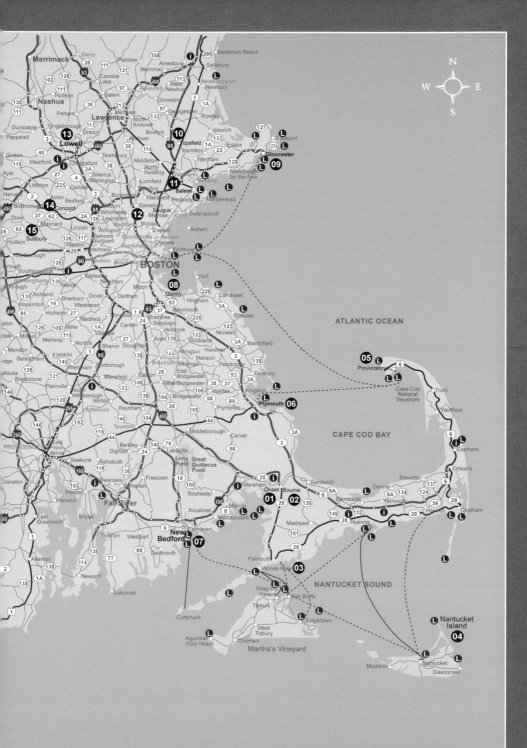

前言

　　麻州（Massachusetts）位於美國東北角，它與其他五個州：羅德島州（Rhode Island）、康乃迪克州（Connecticut）、佛蒙州（Vermont）、紐漢朴什州（New Hampshire）、緬茵州（Maine）合稱「新英格蘭」（New England），從1620年開始，它是歐洲移民最早的定居地。

　　麻州來自印第安語，意為「在高坡上」（at the Big Hill），整個地勢走向，西面高於東邊，兩條大河：墨里麥克河（Merrimack River）與查理士河（Charles River），由西流向東岸的大西洋。而康乃迪克河卻是南北流向。其餘三面皆為陸地，北邊與佛蒙州、紐漢朴什州相鄰，南邊與康州、羅德島州分界，西邊與紐約州隔離。

☆波士頓州府大廈

☆紐百里港的
海防燈塔

　　第一大城為波士頓，在東邊，也是州府大廈所在地。第二大城沃斯特
（Worcester），在中部。第三大城春田（Springfield）稍靠西邊。公路是最
重要的交通，唯一付費的是90號公路，將三大城連成一線。另一條東西走
向的2號公路，是在北邊，完全根據早期印第安人的活動路徑開闢，其他
多為南北走向的大道。

　　以波士頓為中心，呈半月形的公路，第一圈為128號公路，兩面全是
高科技的公司。第二圈為495號公路，向外擴張後，呈另一個發展地區。
全州一半的人，居住在第二圈公路內，所謂的「大波士頓區」。

　　州際高速公路有三條：91號公路，由南面康州穿過春田，到北面的佛
蒙州。93號公路，由波士頓通往北邊的紐漢朴什州。95號公路最複雜，

11

☆霍里歐克排球館與
兒童博物館在同一
棟建築物內
（左頁上圖）

☆沃斯特新建完成的
活動中心，二樓是
火車站。
（左頁下圖）

由北邊的緬茵州南下，經紐漢朴什州到波士頓。在波士頓這一段，又稱
128號公路，過了波士頓南下，經過羅德島，西向康州，直到紐約市（有
人建議廢掉128號公路名稱）。

而由康州的84號公路，與麻州的90號公路，在中部的史德橋（Stur
Bridge）相接，這條公路穿過康州後，是前往紐約市的捷徑。

麻州境內的其他高速公路都偏向於東南角。像是195號、295號公
路。至於395號公路，連接中部的190號公路，南下康州的東北角。

麻州面積不大，只有27,337平方公里。如果以開車時間來計，東西是
三小時，南北約一小時餘，七十個麻州才能抵一個阿拉斯加州。可是麻州
東面的海岸線曲折而多港灣，所以又名「海灣州」（Bay State），包括一個
半島——鱈魚岬，和兩個小島：瑪法葡萄園（Martha's Vineyard）與南塔
凱（Nantucket），都是夏季的避暑勝地。

☆全美第一座化園墓
園，位於劍橋鎮。

麻州氣候四季分明，夏天溫暖略帶潮溼，冬天寒冷極為乾燥，沃斯特

☆麻州高速公路的訪
客中心
（上、下圖）

以西多雪，接近零度氣溫，長達五個月。春天很短，秋季最美，整個州都
是賞楓區。

　　麻州的發展已有三百八十年以上歷史，它是全美擁有歷史古蹟與古蹟
建築最多的地方。年代久遠，要想好好維護，非有愛鄉懷古的誠心，很難
達到。本書將介紹代表全美第一，而今日仍存的祖先遺產。

　　不過有三事件沒寫在書內：1. 排球發源於麻州的霍里歐克
（Holyoke），也有一座排球名人堂，可是目前與兒童博物館擠在一起，只
有半個排球場大，新的排球館於2006年興建。2. 「美國海防隊的誕生地」

是在麻州北邊的紐百里港（New Buryport），目前的三座燈塔都不是原來的建築，也非原來的位置。3.1850年10月23日至24日「第一次全國婦女人權大會」在沃斯特的布林里大廳（Brinley Hall）舉行，目前難尋確實場地，只好割愛。

　　筆者所撰之《波士頓文化紀行》書中，曾經包括了一河之隔的劍橋鎮（Cambridge），特別是美國最古老的大學——哈佛，與美國最好的理工學院——麻省理工學院。十八世紀的大詩人朗費羅（Longfellow）的豪華住宅，就在哈佛大學附近，獨立戰爭期間，這裡是華盛頓將軍的總部。

　　拜訪書中所列的地方，開車最為方便。時間不多可作一日遊。有了度假計畫，一周一月不嫌多。若是搭乘公共交通工具，出發前能夠在網路上檢視一番，最新資料不要錯過。高速公路上，有很多「訪客中心」可好好利用，你會得到想要的一切。

　　本書由東往西介紹，先從東南的鱈魚岬半島開始，包括南面的小島，然後是二處沿海的北岸港口，最後介紹三個城市。

　　中部的地區，大多集中在康乃迪克河的兩岸，也是州際高速公路的通道。西部的市鎮，由北而南，四個鄉鎮排成一列。

　　總共廿五處地方。交通占首要，容易與外界相通自然有發展。所以在本書每個章節的第一段文字先介紹如何到達，接著敍述為何能擁有「全美第一」頭銜的事物，而且所有照片都是作者最新拍攝。

　　書前附有介紹地點的簡圖，讀者可以概略知道地形與重要的高速公路位置。即使紙上臥遊，配合照片欣賞，一樣是很過癮的。有朝一日，按圖索驥，那就更有意思了！

麻州東部
MASSACHUSETTS
EASTERN

1.宏塞 (Onset)

全美最寬的連海運河

鱈魚岬運河位於鱈魚岬半島與麻州內陸的連接處。它是西南往東北走向，總長近17.5哩，深32呎，寬480呎，是世界上最寬的海平面運河。在1985年由「國家歷史工程地標」設計。

如果是遊運河，必須從運河口出發，上船的地點在宏塞鎮的碼頭。隨著25號公路的1號出口，接上6號公路往東，在紅綠燈路口，有「宏塞海灘」的路標，可以直達登船的碼頭。

目前沒有公共交通工具。碼頭的停車場要付費，馬路對面有鎮上的公共停車場，不必付款，大約要走300公尺。

清教徒最早登陸是在鱈魚岬的尖端，然後航向內陸定居。他們在海灣內捕魚，相當安全。其中有一位史坦迪許（Myles Standish）曾經構想，如果有一條運河，打通往南的海岸線，必然增加朴里茅斯與其他歐洲在美國的殖民地貿易。

當華盛頓將軍訪問新英格蘭時，從經濟與軍事利益著想，值得開鑿運河。因為

☆私家遊艇

☆公路通過的大鐵橋

從南方各地航運到波士頓，若有了運河可省時省錢，更重要的是安全，必然避免無數的海難，因為靠大西洋的鱈魚岬，海岸線多風暴。

　　直到1900年初，才由百萬富豪貝爾蒙（August Belmont）投資興建，他們世代家族都住在這個地區，運河完成後，有兩座可開閉的吊橋，與陸面相通。可是營運甚差，來往的船隻不如想像中那麼多，主要原因是受到運河太窄的限制，只能單向航行，而吊橋的意外事件更多，易使通過的船隻發生擦撞。

　　1928年，聯邦政府購買運河，由美國海軍工程部改善，擴建與加深運河，而可以自由地雙向航運。同時發展了「航運控制系統」，偵測風向與潮水的情況，使得航運更安全。

　　1930年後，將原來的吊橋改建為更高的大鐵橋，汽車隨時通過。另有一座機械升降的鐵橋，供火車通過。自從多條高速公路完成後，波士頓開往鱈魚岬的火車隨之停駛。

　　今日的運河，用於通商的運輸與旅遊。因為運河的兩岸變成了公園，騎單車、釣魚、散步的休閒區，也是觀賞日出日落的好地點。

　　船隻遊運河的季節，從5月到10月中旬，其他時間相當涼，加上海風吹襲，只有停開。如果自己有船，隨時可去。

　　整個運河的來回大約三個小時。遊客可選擇坐在船艙內，或是露天的甲板上，有上下兩層，底層提供簡便餐飲。

☆從宏塞碼頭登船，
　開始運河之旅。
　（左頁上圖）

☆海難急救隊隨時待
　命中（左頁下圖）

運河進口處相當曲折，不少小島形成的湖泊，無形中幫助運河水位的調整。第一個經過的是「麻州海事學院」（Mass Maritime Academy），接著是「航運控制中心」，使得水深與海面寬度，在任何時侯都是一樣。鐵路橋迎面而來，壯觀而雄偉。

東面的河岸，隨著第一座大鐵橋後，出現了美

☆升降的鐵路橋（上
☆遊客輕鬆在船上享
　河風光（下圖）

麗的河濱公園。然後開始一段稍為彎曲的河面。當通過第二座公路橋後，已進行了三分之二的航程，回頭可以看到寬廣河面上的兩座大橋。很快，遠方的鐵橋消失，河面漸廣，已到另一海灣，遊河的船在此轉回頭。

萬一運河發生意外，或是緊急狀況，有海上急救船隻，與空中的直升機海防隊支援。

夏天有三個月最適於遊運河，額外的節目包括：星期天下午爵士樂伴奏、每天黃昏舉辦落日雞尾酒會、週末的賞月，一直可玩到深夜。

2.伯恩（Bourne）

全美第一個交易所

交易所博物館位置非常明顯。夏日期間，由於來往於鱈魚岬度假的觀光客太多，車輛非常擁擠、常常錯失出口。

不論從任何方向來，它在伯恩大鐵橋（Bourne Bridge）的西南岸。如果是走25號高速公路，會連接鐵橋，一過橋要趕緊右轉，靠近運河的馬路，這是最容易尋得的路線。確實地址是：4 Aptucxet Road, Bourne Village。

這是全美第一處眾人所知，以英語為主的貿易場所。由清教徒建於1627年，一直維繫了好幾十年，做為與紐約的荷蘭人與當地的印第安人交易的主要地點。今日所見的房舍雖然是複製，卻是完全根據原始的地基重建。確實的位置，在當時麻州殖民地總督，與曼哈頓的荷蘭殖民地總督的官方文件中都有記載。

☆交易所的位置圖
　標誌

☆全美第一座交易所
　建築

1626年，「朴里茅斯殖民區」的領袖們與支援他們的英國人，簽訂了一項合同，允許與當地的印第安人交易，所獲利益做為償還。因而在阿朴它克塞特的生意，成為「美國商業的搖籃」。

位置的選定，並不靠近朴里茅斯的清教徒所在地，卻是三方理想的場所。當時鱈魚岬運河並未開鑿，不過有兩條河在附近，瑪諾眉河（Manomet River）北邊與大湖（Great Herring Pond）相通。西南流向海灣，對來自於紐約的荷蘭人，相當方便。而另一條史凱塞河（Scusset River），流向北邊海灣。完全著眼於水路的安全，兩條河間有陸路相通，而印第安人的聚落，正是在大湖的南岸。

朴里茅斯的清教徒，先要沿著鱈魚岬海灣南下，再順著史凱塞河，然後將貨物走陸路，以小船將商品存放交易站。荷蘭的大船可以直接在阿朴它克塞特靠岸，當地河水很深。

☆風車式的禮品店
　（左頁圖）

三方面的商人，同意以「貝殼念珠」（Wampum）做為交易的媒介，所以後人以這個字俗稱金錢。只要雙方認同，當場的物物交換也是可行。

這項似乎微不足道的三種民族的商業行為，事實上開啟了今日美國的國際貿易。

這是一座實物博物館，兩間相鄰的屋子位於林間，夏日全為樹蔭遮沒。屋裡的設備與十七世紀的清教徒家庭很相似。壁爐、廚房、餐廳與起居室完全在一大間。主要的臥房在隔壁的另一間房子。過夜的人很多，只好打地鋪，有一間小辦公室，存放一些資料，與可以記錄的紙筆。

在進入交易所博物館路上的入口，有一座荷蘭式的風車。這是十九世紀晚期，演員也是藝術家的約瑟夫·傑佛遜（Joseph Jefferson），送給當地的禮物，今日成為歷史協會的禮品店，原來則是他的藝術工作坊。

附近還有一間小型的維多利亞式火車站。1892年由殖民地鐵路公司建造，為了當時的總統克里夫蘭（Grover Cleveland）的方便，他的夏日別墅就建在當地。

阿樸它克塞特交易所博物館的範圍，就像是一座花園，有人維護。是郊遊野餐的好地方，位於運河南岸，可以觀賞來往於河上的船隻。從1921年開始，歸屬於「伯恩歷史協會」（Bourne Historical Society）。

3.木洞 (Woods Hole)

全美最大海洋研究學院

海洋研究學院位於木洞（Woods Hole）鎮，是在麻州東南的鱈魚岬半島上，從波士頓前去，可順著3號路南下，通過大鐵橋，就是進了半島，然後按28號路南下，就在半島的西南尖端，找到海港。

「木洞海洋研究學院」（簡稱WHOI）是一所私立、非營利性的高等教育學府，致力於研究各方面海洋科學，和海洋科學家的教育。全體教職員與學生有一千人，目前是美國最大的獨立海洋研究機構。

1927年，國家科學研究院的委員倡議，美國應該考慮海洋研究的全球性計畫。1930年，基金會成立於麻州靠海的木洞鎮。得到了洛克菲勒基金會三百萬美元的援助，十餘位科學家利用暑期，建造了實驗室與142呎長的研究船，稱為「亞特蘭迪斯」（Atlantis，傳說沉沒於大西洋）。

　　在第二次世界大戰期間，支援防禦性的研究，獲得各方的讚譽。戰後，擴充組織，增加研究船、增添科學家。多年來，他們的努力使得海洋對人類的健康、安全與生活品質，有了極大的改善。

　　研究機構分兩個校區，總面積219畝，共有58棟建築與實驗室。一半校區鄰近海洋，便於海洋研究船的停靠與作業。

　　整個學院科學家135位，研究員157位，學生130人，海事人員60人，其他支援員工290人，只授予博士與碩士學位，這是與MIT合作的教學。暑期招收大學部的高年級學生，做為進階的研究。

　　海洋研究船的最新設備，可以潛到2萬呎的海底。在1985至1986年間，由三個人駕駛操縱深海潛水的裝備「愛爾贏」（Alvin），發現了沉船「鐵達尼號」。今天整個模型在「展覽中心」展示，可供操作，坐在完全真實的儀器操縱室內，分享當年的成功。

☆木洞歡迎旅客的標誌（左圖）
☆面向海港的餐廳（右圖）

☆歷史博物館建築

☆圖書館大門

☆全美最大海洋研究學院新建的校舍
☆停靠岸邊的研究船

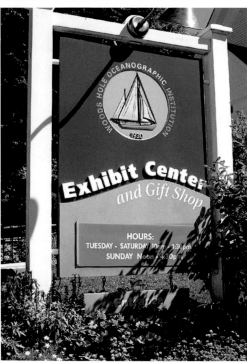

☆美侖美奐的行政單位建築物（左頁上圖）

☆展示中心標誌（左頁下左圖）

☆海洋生物實驗室有一條凸出的船（左頁下右圖）

☆海洋生物實驗室外公共雕塑一景（本頁圖）

由於WHOI揚名全球，使得美國的其他海洋研究機構，也設在小鎮，包括有：

1. 國家海洋漁業服務處。

2. 美國海洋地質調查所——木洞站。

3. 海洋教育協會。

4. 全球環境研究中心。

5. 海洋生物實驗室。

美國第一個私人海洋實驗室，創立於1888年。

這裡變成了世界海洋與環境科學的中心，所有的研究機構，都免費提供簡介及出版資料。小鎮原為漁村，自從渡輪通往度假勝地：瑪法葡萄園（Martha's vineyard），整個夏天很難找到停車位置，從波士頓南站，有大巴士客運直達渡輪站，只要一小時半，也可以合購巴士與渡輪的票。

☆海洋生物實驗室訪客中心

所有的研究單位，都在走程之內，非常方便，並且沒有圍牆，沒有禁區，都是沿海的建築，步行於海濱的青草地上，看著海上客輪與漁船的來往，讓人忘憂。當然附近的海鮮店，多到不知進哪一家好，龍蝦是很多外地遊客的第一選擇。

4.南塔凱（Nantucket）

全美第一位女天文學家

南塔凱（Nantucket）位於鱈魚岬半島的南方，為麻州兩大島之一。由波士頓南站的客運大樓，可搭巴士直抵上船的碼頭。汽車耗時約一小時四十五分鐘。

乘船的小鎮為海安尼斯（Hyannis），有兩家輪船公司經營，同時有兩種選擇，普通船航行時間二小時十五分鐘，快艇只要一小時，票價加倍。可以從波士頓直接購票，包括陸運與海運的混合票。

如果自己開車，從波士頓南下走3號路，進了鱈魚岬半島，接6號路到海安尼斯。或是從495號路往東，直接連上25號路，進了鱈魚岬半島，按6號路到海安尼斯。

它是夏季的旅遊勝地，維護島的安全與品質，不希望有太多的汽車，自用車隨渡輪到島上，票價昂貴。當地的公共汽車、觀光巴士很多，摩托車、單車出租更是方面。步行最受歡迎。

一上岸，就有為旅客服務的詢問處，提供詳盡的旅遊資料，每年更新；包括公車路線、時刻表、票價、全島地圖與重要的名勝古蹟，以及用餐、購物等資訊。

過去這裡是美國捕鯨業的基地，有三座非常美的燈塔。1746年古老的磨坊，仿舊可以操作。鎮上的鬧市鋪的是石頭路，不宜急行。

南塔凱是個夏季城，別墅的主人夏天都回來了，第一步是整理花園，

像是來參加環境布置的比賽、花木扶疏，有些小巧的屋子，全被植物埋了。走在住宅區，風景之美，讓遊客會懷疑是否走到了天堂？全美第一位女天文學家的住宅，就在衛斯特街頭（Vestal Street）。

1847年，蜜球彗星（Miss Mitchell's Comet）被發現。她是第一位美國人和第一位女性，贏得天文學界的金牌獎。由丹麥國王頒發。她也是第一個女性被選入「美國藝術與科學學院」。

蜜球的父親威廉在一生中，嘗試過二十種以上的職業，做過農夫、老師、收款員、調查員、銀行家。在南塔凱的捕鯨業盛期，修理時刻測定器，用在捕鯨船上。他們家並不富足，

◁大船可載運汽車

◁離開了海安尼斯碼頭出發去南塔凱（左頁圖）

可是非常重視孩子的教育。

威廉是一個業餘天文學家，他教瑪麗亞（Maria Mitchell）有關自然現象的物理律，她變得熱愛自然世界，同時相信男女應有機會均等的權利。

◁搭乘快艇價格貴一倍（左圖）

◁南塔凱環島巴士（右圖）

他們家是「教友派信徒」（Quaker），這個基督教派的哲學，就是提倡男女平等。可是南塔凱島並不是這個教派的天下。

☆南塔凱訪客中心

☆南塔凱市中心全是石頭路

☆南塔凱式夏季旅遊勝地，可見到古老磨坊。

☆在該島上騎單車最
　方便

　　凡是他們家住過的房子都經過改裝，多了一個房頂上的大天窗，並且
像是陽台，可以走動，便於夜晚觀察星象。從瑪麗亞十二歲開始，父女兩
人都是一起行動，除非看不見天空，或是大雨大雪，幾乎把觀察天象當成
夜課。十六歲後，除了父母的幫助外，全靠自學。

　　威廉喜歡音樂與強烈的色彩，這都是教友派信徒的禁令。他喜歡紅

☆南凱特島上鮮花原
　處（右頁上圖）

☆壯麗的燈塔（右頁
　下圖）

色，把重要的典籍包上紅色書皮，被鄰居看到，去報告長老。父女兩人都不是絕對的尊奉者，尤其瑪麗亞喜歡的科學理論，不為長老們贊同。

當她二十歲時，決定退出教友派，加入了「唯一神教派」，覺得這個支派比較寬大，可有自由的思想。

1947年的10月1日，瑪麗亞發現了一顆可能是新的彗星，在北極星上方五度的位置。她與父親討論觀察的結果，威廉立刻寫信給哈佛大學天文台主任喬治報告此事。

世界上任何人發現了新彗星，都會得到丹麥國王的金牌獎。10月3日，義大利天

文學家也發現了同一顆新彗星。可是威廉的信，在10月4日才到哈佛大學，而獎金人選早已公布。

☆瑪麗亞協會訪客中心一景
☆瑪麗亞協會辦公室標誌

經過重審，最後榮譽歸於二十九歲的瑪麗亞。父女兩人十多年來的研究資料與結論公諸於世。威廉被哈佛大學的天文觀察台聘為顧問。當時紐約的萬沙學院剛成立，瑪麗亞成為第一位天文學教授，也是觀察站的主任。美國航海年鑑，也聘她為專業顧問。

1888年，她從教書崗位退休，隔年去世，享年七十歲。後人為紀念這位自學的女天文學家，成立「瑪麗亞·蜜球協會」，將她的出生地，天文觀察站好好保留，同時成立新的博物館，將女科學家的生平、成就，與一切有關她的文物與資料公開展示。

2002年的夏天，協會出版了《瑪麗亞·蜜球的日記與信件》，同時擴大慶祝協會成立百年紀念，整個活動稱為「世紀大發

☆瑪麗亞的家外觀

☆瑪麗亞的家現為自然科學博物館

☆瑪麗亞天文觀測站標誌

現」，凡與瑪麗亞有關的機構、圖書館、天文台、建築物全部開放。展示她發現彗星所使用的望遠鏡，同時打開天窗，觀眾可參觀房頂的觀測台。

5.朴羅雲斯城（Provincetown）

全美最高花崗岩紀念碑

　　朴羅雲斯城，成立於1727年6月14日，位於鱈魚岬半島的尖端，在6號公路的終點，開車一定得通過鱈魚岬的大橋，然後順著6號公路前進。也可由朴里茅斯海港搭船過去，這是最近的距離；也可以從波士頓登輪前往。普通船速度，單程是三小時，快艇時間減半，票價加倍。通常當地氣溫比波士頓低華氏10度。冬天停駛。

　　若由波士頓南站的客運大樓，乘大巴士前往，中途可能要換車，時間約三小時餘。雖然距離稍遠，值得一遊。如果有一週時間，可暢遊整個鱈

魚岬半島。由於它三面環海,沙灘與海濱自然是游泳的好地方,如果純為
游泳,不必跑這麼遠,倒是其他因素,促成夏季觀光客特別多。

　　夏季居民有三萬五千人,它也是麻州最大的同性戀樂園。7月4日是美
國國慶,全城舉行大遊行,任何團體與個人都可以參加,這是其中最熱鬧
的日子。你會看到一對對年輕的男孩光著上身,只著短褲,腳踩滑輪快速

☆一小時半就抵達了
朴羅雲斯城

而過,或是並肩坐在馬路邊吃冰淇淋,年齡多在廿五歲左右,不只有美國人,幾乎全世界的同好都跑來參與。

當地居民漸漸習慣,他們也很守分寸。8月底紛紛離去,次年再來,少部分是女同性戀者。所以麻州衛生局的「愛滋病防範站」,整個夏天進駐當地,給予協助。

　　另一種是藝術愛好者。較有名氣的藝術家都有別墅，而夏天的繪畫學校或是藝術營，三個月不停。在美國繪畫與攝影題材中，朴羅雲斯城是個非常受歡迎的海上勝地。《波士頓地球報》做過特訪，發現夏季它是全世界最大的藝術人口聚居地。

　　朴羅雲斯城呈長扇形半島，最重要的是商業街橫貫全鎮，一半店鋪是飲食店或餐館。其次是藝術品店或是畫廊，場地都不大，世界各國的產品與花樣齊備。

　　這裡有三個燈塔，都在不同位置的尖端，由於視野的開闊，一望無遺

☆每年美國國慶的遊
　行隊伍（左圖）
☆遊行隊伍中救火車
　隊會朝觀眾噴水
　（右圖）

43

的海邊，正是觀賞日出日落的好位置。同時在陸地與海灘之間，總有一些特殊的沙丘與土堆，有的是光禿禿不長一草一木，有的是花草相雜。各地不同，並且所占面積不小，站在最高處望海，又是另一種情調。

　　當清教徒一路尋找新天地，最早望見的陸地就是朴羅雲斯城，嫌地區狹窄，沒有腹地，無處發展，繼續北上。這件歷史盛事，後來就豎立了「清教徒紀念碑與博物館」。

　　紀念碑的位置，為全城的最高處，爬上了255呎的頂樓，無限的美景展現眼前。不只是四周的海岸，就是較遠的鱈魚岬中段，一樣可以望及。

　　博物館建築，主要針對本地的歷史發展，強調清教徒的活動。同時，特別表揚當地居民的成就，今日在美國各行各業的優越表現。開放時間，夏季從上午9時至下午7時，其他季節，下午5時關閉。

　　博物館與紀念碑並不相連，紀念碑是豎立在博物館外圍的草地上。

　　1620年11月21日，清教徒首次登陸美國的土地是朴羅雲斯城。「清

☆室內購物中心

☆從紀念碑塔頂望向海邊，景色醉人。

☆此地隨處可見到這座最高的紀念碑，高達252呎。（左圖）

☆美國清教徒首次登陸地點，建碑紀念。（右圖）

☆市區鳥瞰，櫛比鱗次的屋宇極適合居住。（左頁圖）

教徒紀念碑」為美國最高花崗岩的建築物。在全城的任何角落，幾乎都能看到，像是古堡的瞭望台，所以在頂樓照相，視野極佳，四面八方全能入鏡。

　　1910年完成的清教徒紀念碑，成了海港的地標。

6.朴里茅斯 (Plymouth)

全美第一個村莊

　　前往朴里茅斯非常方便。從波士頓順著3號路南下，從3A的交接路出口，四十分鐘可到。或在波士頓南站的客運大樓坐大巴士前往，當巴士在

☆當年每一個清教徒
　都踏過的岩石

☆第一艘駛往美國的
　移民船「五月花號」
　（左頁上圖）

☆水手期望望見陸地
　的模型
　（左頁下圖）

熱鬧的主街行駛時，就可以隨時下車，不必等到終站。另外是從波士頓南站乘火車，在朴里茅斯站下車，改搭當地客運到市區。

　　1614年，約翰‧史密斯（John Smith）旅行到東北，然後出版了《記述新英格蘭》（A Description of New England）。當時在英國受到宗教迫害的清教徒，遠離家鄉逃到荷蘭，然而經濟困難，無法生活。讀到這本書，無疑是上帝顯示的新生地。

49

清教徒回到英國，得到補助，將去尋找新的世界。由朴里茅斯搭乘商船「五月花號」與「快速號」前往，很快發現後者有漏水現象，重回港口，所有的人擠到一條船上。

☆朴里茅斯岩石供奉在殿內

1620年9月16日出發，兩個月後，一○二位清教徒抵達今日美國麻州的鱈魚岬。新家取用了舊地名——朴里茅斯，由查理王子授予。事實上，其他的清教徒也登陸了佛羅里達與維吉尼亞，只是比「五月花號」晚到。後來，清教徒也發現，朴里茅斯的水域，遠在一百年前，英國人、法國人和葡萄牙人都來過捕魚，卻未定居。

清教徒在海上歷經六十六天風浪，看到了陸地是何等的興奮，最後選定朴里茅斯。當時正逢海水退潮，因而由小船接運，在上岸前有塊大岩石，每個清教徒都踏過，這塊「朴里茅斯岩石」（Plymouth Rock）被居民視為親切物，為它蓋了一座廟似的建物，加以供奉，怕它被水沖走，又架起鐵柵，今天已有裂縫。

☆清教徒最早的房子，靠近五月花號停泊地點。（右頁上圖）

「五月花號」完成任務，回到英國。到了廿世紀，後人實在無法忘懷祖先的奮鬥，決定重造，由英國原地的木料複製完成。在1957年，達成由英國駛向美國的「國際友好計畫」，這艘船永久屬於「朴里茅斯殖民園」

☆目前最老的房子是史巴柔的家（右頁下圖）

☆清教徒豪蘭的家

（Plymoth plantation）的財產，今天停靠在州立碼頭，掛的是英國旗，因為在一百五十七年後，美國國旗才出現。

　　就在五月花號停靠的附近，有兩間陳舊而結實的老木屋，這是最早的建築物，原是清教徒的「樣品屋」，幾乎清教徒的家都是這個樣子。

　　整個世界都在變，美國第一個村莊當然跟著變，不過「朴里茅斯殖民園」卻是永遠不變。它的位置在3A路邊，距朴里茅斯岩石約2.5哩。如果想瞭解早期清教徒的生活，這是一處活生生的教材。園內的導遊整個冬天嚴格訓練，而在實際的現場，必能應付各式各樣的問題。這是今日唯一的清教徒文化村。

　　目前留存最老的房子，應該是史巴柔（Richard Sparrow）的家。1633年，理查和太太潘朵拉（Pandora）、兒子亞那騰（Jonathan），從英國移民朴里茅斯。三年後買了地。存夠了錢，在1640年，蓋了兩層樓的房子，原先只是兩大間。1639年收了一個徒弟，1644年收養一位女孩，全家變成了五口。1653年售屋後，搬到鱈魚岬的伊斯頓（Eastham）去住。

現在被保留為博物館，讓人去想像三百五十年以前的生活和房子內部結構。

當年清教徒居住過的家，目前只留存了一間，那就是約翰·豪蘭（John Howland）住的房子，現在列為國家托管的史蹟。

全美第一個感恩節

新英格蘭海岸，盛產龍蝦、蚌殼、貽貝類的海鮮，肉甜而厚。清教徒認為，這種食物對人體無益，實在沒東西吃時才當食物。清教徒的主餐也是用刀叉，不過食具缺乏，等別人吃完才有盤子，所以用手抓著吃相當平常。

來到美洲新大陸的第一年冬天特別冷。住舍、衣服，都無法達到禦寒的基本要求，一半的清教徒在飢寒交迫中死亡，同伴們偷偷地把屍體埋了，卻不敢豎立任何標誌，他們不願印第安人知道實際的狀況。可是當地的印第安人非常友善，教外地人捕魚、種植，尤其是容易生長的玉米。

1621年4月1日，清教徒與印第安人簽訂和平條約，在第一個秋收的季節，由四位婦女，整整忙了三天，讓五十位清教徒與九十位印第安人，度過了在美國的第一個感恩節。

懷古念舊，很自然地被感染，目前的居民為過去驕傲、為先民的奮鬥事蹟喝采。他們在每年8月的某個星期五黃昏六點，穿著清教徒的服裝，不分男女老幼，在固定的街道上遊行，重燃他們的信念，追求美好的日子。尤其是在感恩節的清晨，扮演五十一位在第一個冬天的生存者。

全美第一個博物館

建於1824年的清教徒博物館並不大，它的收藏卻獨一無二。它也是「清教徒協會」的總部。主要的收藏與展示分三大部分：

一是清教徒從歐洲帶來的文物，包括配劍、聖經、服飾、嬰兒竹籃搖床、總督坐椅、餐具等。二是清教徒在朴里茅斯的成就，手工藝品與繪畫。三是當地原住民與清教徒相處的資料照片。

值得一提的是：清教徒留存的帽子，只有一項；另外是十七世紀橫渡大西洋船隻的骨架。這兩項絕對是絕傳。

　　另有「五月花協會博物館與圖書館」，原是溫斯洛（Edward Winslow）的家。十八世紀建築物，大廈位於小丘，面向海港，白色的大房子非常耀眼。後花園是整個鎮上最正式的花園。

☆全美第一個木造法庭（左圖）

☆全美最早的教堂位置（右圖）

　　清教徒遠離家鄉，為的是追求宗教自由。他們把木造的教堂，從英國搬到美國，爾後改建為石磚建築。1892年毀於大火。今日所見的「第一教會」是於1899年完成的。

　　第一教會的斜對面，有一棟白色的古老木屋，那就是法庭，建於1749年，目前是美國最古老的木屋法庭。現在成為展覽室，保存了當地十八和十九世紀的文物。

全美最大的大理石雕像

　　朴里茅斯的整個地形，有不少小山丘，其中在最高的位置，興建了「先祖紀念碑」（Forefather's Monument），它在44號路的東邊，距離鎮上的碼頭，走路只要十五分鐘。

　　提出計畫是在1820年，基石在1859年奠定，雕像一直到1889年才架上。一是經費無著，再者好石塊必須由義大利進口，最後靠了一萬多人的捐獻才完成。總經費是十五萬元。

　　1989年正是紀念碑完成的百年大慶。這座高81呎的先祖像，是目前

☆全美最大的大理石雕像（右頁圖）

全美最大的堅實的花崗岩紀念碑，為常人身材的216倍。

　　最上端的英雄人物，面向大海，高舉右手指向天堂。左手握著打開的
聖經。底層四周的坐姿像，分別代表了自由與和平、法律與公正、教育與
智慧、青年與經驗。

　　當年的印第安人領袖馬塞梭依特（Massasoit），他的友善幫助了清教

徒度過了第一個寒冷的冬天，在柯爾坡（Cole's Hill）上，有他的全身立姿銅像。今天這支印第安人後代，仍然居住在鱈魚岬的馬須匹（Maskpee）地區。

全美第一座磨坊

第一批的清教徒只有102人，隔年只剩一半，可是其他的英國人源源不斷遷來。印第安人安於現狀，只求溫飽，當時的玉米，不只是主食，磨成粉，可以做成各式糕餅。人口較少，所以用人工來磨。白種人需要量大，利用水力，所以在河堤旁設計了磨坊。

1636年，約翰・詹尼（John Jenney）得到法庭許可，建造磨坊，磨碎玉米，供應社區，而價格由官方決定，這就是美國第一座磨坊。

1644年，約翰去世，由子繼承，世代相傳，直到1847年仍在運轉，

☆朴里茅斯殖民園入
口處

☆朴里茅斯殖民園的主街

最後遭到回祿，1970年改建。今天，我們仍然可以從店裡買到磨成的玉米粉。

　　尤其是磨坊周圍的環境、水流成湖、鴨鵝群聚戲水，另一面有小徑通幽，流過公園，真是個世外桃源。

世界最大紅莓產地

　　早期印第安人最常吃的三種水果：藍莓、葡萄與紅莓。紅莓生長期從4月到10月，初長要水分，收成時在沙地。歐洲人移民美國後，自己很少食用，而是運到英國。當時最大的競爭對手是俄國。1853年，克里米亞戰爭爆發，俄國停種。需求增加，才引起鱈魚岬一帶農民的興趣。冬天播種，然後蓋上一層沙，冰雪會保護植物，減少蟲害。收成後，運往紐約銷售。

☆朴里茅斯殖民園示範蓋房子（左頁上圖）　　　　　　　☆紅莓博物館外貌

☆詹尼磨坊仍在運作（左頁下圖）　　　　　　　　　　　☆紅莓博物館內部一景

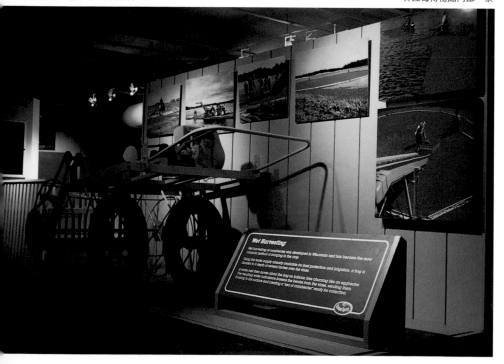

毋須太多照顧而繁殖很快，很多紅莓植物都有一百五十年的歷史，年產量占了全世界的一半。觀賞紅莓收成，將是一生難得的經驗。

從朴里茅斯轉向44號路，然後接58號路往南，就到了卡俄（Carver）鎮。整個地區有3000畝的紅莓產地，其中以「艾達維爾鐵路」（Edaville Railroad）是觀賞紅莓最適宜的場所。

紅莓原是當地土著的重要水果，不宜生吃，可製成果汁與乾果，它的最大功能，對腎有益、幫助消化、利尿和減肥。今天它成了調製雞尾酒的聖品。

紅莓整個生長期間，開花結果，果實呈紅色。麻州是全美最大紅莓產地，而朴里茅斯郡採用較具科學化的收成，配合良好的運輸系統，變成了獨佔性。

　　過去收成是用人工手摘紅莓，目前改用新法，將紅莓田灌水，用機器打落紅莓，漂浮水面，再以海上清潔油污的辦法，用橡皮圈集中紅莓，最後以機械運輸帶，直接裝入木箱，由於紅莓外殼有一層油質，浸在水裡，不影響品質，取出後，很快乾燥。

　　每年9、10月是收成盛期，在「艾達維爾鐵路」的位置，舉辦豐收慶典，整個鐵路線圍著1800畝的紅莓園，由於範圍太廣，確定收成才開始灌水，灌水後立即打撈。因而每個沼澤進行不同的步驟。

　　參觀紅莓收成的過程，尤其碰到週末要早點到，才能找到停車位置，簡直像大園遊會，所有與紅莓有關的產品全都出現，果汁、果醬、乾果、糕餅類。紅莓便宜，略微加工可以變成堅硬的紅珠飾物。

　　遊客也可以坐火車遊整個場地，也可以就近選一處好地方，仔細觀看農人如何收成，紅色的湖面經過太陽照射，像在燃燒。也可以乘坐直升機遊覽，看到真正的「紅河谷」。

　　1946年，當地農人開發了這個紅莓村，將名字縮寫為EDA，稱呼這條鐵路，現在這裡成了另一處觀光勝地。

7.新百德福 (New Bedford)

全美最大捕鯨港

　　新百德福位於麻州南端，195號公路是對外的主要高速公路，連通麻州各城與羅德島。

　　由波士頓可走93號公路，接24號公路往南，再接195號公路，或是由24號公路換140號公路，直接與195號公路相連。

　　也可以由波士頓的客運大站，乘「幸運巴士線」(Bonanza Bus Line)前往。

　　美國獨立戰爭發動前，南塔凱的捕鯨人約瑟夫 (Joseph Rotch) 購地十畝，將事業遷往新百德福，憑他的經驗、財力與技術之革新，到了他的兒子一代，已經壟斷了整個捕鯨工業。

　　1818年5月15日，汽艇「老鷹號」(Eagle) 首航南塔凱海灣，帶了六

☆新百德福海岸訪客中心
☆新百德福是過去最大的捕鯨港

☆新百德福今日仍是漁港
☆新百德福自願團廣場

百位旅客從新百德福到南塔凱島。海港開啟了旅遊的新事業。

　　1848年，坦伯（Lewis Temple）發展了一種「掛索尖棒的魚叉」，這是十九世紀捕鯨工業的一項革新。當加州發現金礦時，很多捕鯨的漁人跟著前去。

　　1859年賓州發現石油，它很快取代了鯨魚油、照明燃料，毋須冒生命危險取得。這項改變使得捕鯨業一落千丈。

☆水手叉魚的浮雕
（右頁圖）

68

'A DEAD WHALE
OR A
STOVE BOAT

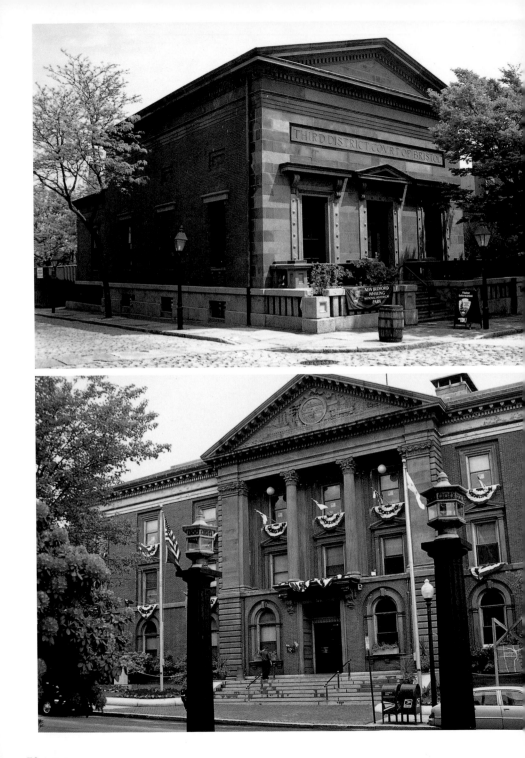

☆海關大樓

從1881年到第一次世界大戰爆發,在新百德福已經成立了卅二家紡織廠,生產價值達一億美元,包括了三萬名員工。一個城市絕不能仰賴一項事業而活,必須兼顧其他行業。

名人充滿新百德福的歷史。1916年船長海娣‧格林(Captain Ahab. Hetty Green),被稱為「華爾街的女巫」,財產超過一百萬,是世界上最富有的女人。美國西部自然畫家阿爾伯特(Albert)也生在這個城。

時代改變,人們盡量避免去做危險的職業。1925年最後一次的捕鯨航行後,改為另一項新行業。從過去的殺戮變為保護,出海看鯨魚的新節目應運而生。

新百德福為美國歷史上重要的一頁篇幅,特別成立了「新百德福捕鯨國家歷史公園」,讓世人都知道,在十九世紀的美國,新百德福曾是世界捕鯨業的中心。

世界最大捕鯨博物館

☆國家歷史公園訪客
　中心(左頁上圖)
☆圖書館(左頁下圖)

成立於1903年,將美國捕鯨的豐富歷史重新復活。而博物館設在新百德福,正是過去捕鯨工業的最大港口。

　　1996年11月12日，美國內政部規畫了「新百德福捕鯨國家歷史公園」，包括了捕鯨博物館、訪客中心、海關大樓、海員教堂、碼頭海事公園、麻州54軍步兵自願團廣場。

　　博物館最主要的收藏有：

1.世界上最大的帆船模型「拉狗達」(Lagoda)，長89呎。

2.世上罕有的藍鯨完整骨架，66呎。

3.與捕鯨業有關的繪畫、照片、家具。

4.研究圖書館,重點放在當地海事與捕鯨的歷史。

5.收藏了全世界最多與鯨魚有關的工藝品。

6.一幅抹香鯨的壁畫,長100呎。

　　博物館共有三層,正度過百歲大壽,為「美國博物館協會」認定的傑出展覽場地。它位於小丘上,從館內的大玻璃正可看到碼頭。

☆《白鯨記》作者梅爾維爾肖像

梅爾維爾的《白鯨記》

1841年1月3日，二十一歲的年輕水手上了捕鯨船「阿肯須奈」（Acushnet）號，從新百德福前往太平洋，他喜歡冒險，以這次的航行，完成了美國有名的小說《白鯨記》（Moby-Dick）。

父母都是教徒，梅爾維爾（Herman Melvill）對聖經很熟，在小說中常見經句，他選擇了當時世界捕鯨業的中心和最好的船隻設備，把人類與鯨魚博鬥的過程記述下來。

書中提到新百德福的重要建築，像是海關大樓、海員教堂與鯨魚商班哲明的漂亮住家，包括大廈與花園。也對一些圓石的街頭著墨不少，像是水街和聯合德（Water and Union Street）。他稱讚當時的報紙《交換新聞》（Trade Newspaper），常有珍貴資料出現，像是「捕鯨人的貨物清單」。

當然少不了提到靠海的水域與碼頭，不論出海與否，幾乎是每個漁人每天報到的地方，發生任何大大小小的事情，碼頭店鋪是資訊交換中心，甚而變成了總部。

今天，凡是與梅爾維爾有關的點點滴滴，新百德福的人都盡量保存。

8.昆西 (Quincy)

全美第一對父子總統

昆西緊鄰波士頓，它位於南面的海邊。從波士頓順著93號公路南下，在12號出口。若由西面的城鎮前往，可由128號公路，接上3號公路，在18號出口。

如坐紅線地鐵，在「昆西中心」下車，或是搭船，可由洛根國際機場，或波士頓碼頭上船，抵達昆西造船廠，有當地客車來回昆西市中心。

今日昆西的法蘭克林街（Franklin Street）133號與141號的路口，有兩座木屋，這是美國最早的總統誕生地。

1735年，約翰‧亞當斯（John Adams）出生於此地木屋，距離他的兒子

☆第二任美國總統約翰‧亞當斯銅像

約翰‧昆西‧亞當斯（John Quincy Adams）的出生地，只有75呎。

在約翰‧昆西‧亞當斯的出生地，年輕的約翰和新娘阿比蓋爾（Abigail）開始了他們的家庭生活，這位未來的總統，投身於政治和法律

☆第二任美國總統約翰‧亞當斯出生地

的生涯。他的律師辦公室始終是在這間老屋內，和薩謬爾·亞當斯（Samual Adams）、詹姆士·波多印（James Bowdoin）草擬了麻州憲法，直到今日仍在使用，同時大大地影響了美國憲法的發展。

☆第六任美國總統約翰·昆西·亞當斯的出生地

　　兩間木屋都在原來的位置，過去它是由波士頓通往朴里茅斯的要道，稱為「舊海岸路」（Old Coast Road），原是農場土地，四周都圍有石牆。

　　約翰·亞當斯的出生地房子，建於1681年，是古典式的新英格蘭木造建築物。樓上與樓下都是兩個房間，中間有大煙囪通外。到了十八世紀，增建兩小間。

　　約翰·昆西·亞當斯的出生地小屋，結構相同。從屋外看房子形式，像是殖民地時代存鹽的木箱，所以稱為「鹽箱式」（Saltbox）。

　　1720年，約翰·亞當斯父親買下木造的房子與附近的土地。1735年10月30日，美國第二任總統誕生了。

　　約翰·昆西·亞當斯的出生木屋，建造於1663年。直到1764年的10月25日，新婚夫婦搬進百年老屋。1767年7月11日，次子出生，這就是後來的美國第六任總統。他曾經於1806至1808年的夏天，與妻子和三個兒子住在自己的出生地。

☆第二任美國總統夫人阿比蓋爾領著孩子的雕像，與總統銅像隔街對望。（右頁上圖）

☆昆西總統的家屋建築與庭園
（右頁下圖）

　　兩間歷史性的住宅，都由亞當斯家族保管。在1893到1940年間，開

放讓人參觀，以後捐給「昆西歷史協會」，由於維護的困難，在1978年經國會通過，次年成為國家公園服務處的財產。

　　在美國獨立戰爭期間，約翰‧亞當斯正是大紅人，成為第一任駐英大使。1788年回到美國後，再也沒有回過出生地的木屋，而住在豪華大廈，也就是一般人習稱的「總統老家」。

　　建於1731年，後來變成了亞當斯家族四代居住的大廈，它也是兩位總統的家，第二任的約翰‧亞當斯與第六任的約翰‧昆西‧亞當斯。

　　古屋非常美麗，目前收藏有78,000件藝術品。獨立的建築物，四周空曠，位於十字路口，交通極為方便。對著側門是一座歷史性的果園，與十八世紀非常正式的花園，包括了千種以上的花卉與植物，盛開時一片豔麗。

　　1873年所建的馬車房就在附近。家族圖書館也在花園內，裡面很多早期的珍藏圖書，難怪後代有兩位是歷史學家。

　　約翰‧亞當斯曾經代表美國，簽訂「巴黎條約」，結束了革命戰爭，所以他的家又稱為「和平園」。

　　另一位開國元勳約翰‧漢考克（John Hancock）的家也在昆西。這座典雅的建築物，在1872到1908年為「亞當斯學院」（Adams Academy）。

☆昆西總統的家屋建築與庭園

☆昆西總統的家屋建築與庭園
　（右頁上左圖）

☆昆西地區的街景
　（右頁上右圖）

☆昆西歷史協會建築
　（右頁下圖）

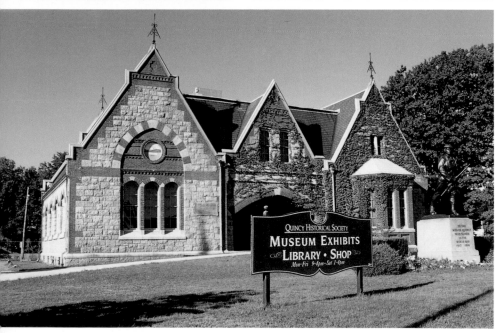

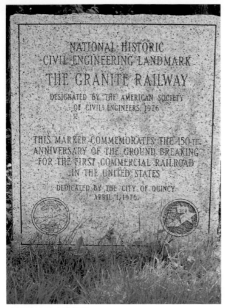

☆昆西市府立碑紀念

1972年由昆西歷史協會整修，成為會址與總部。1994年被指定為國家歷史古蹟。

全美第一條產業鐵路

今日聳立在查理士城，龐克坡（Bunker Hill）的紀念碑，高度221呎，共有294階。建築所需的花崗岩，卻要從波士頓南邊的昆西，挖鑿而來。

1824年，慶祝龐克坡戰役五十週年紀念，同時成立「龐克坡紀念碑協會」，決定籌款興建。1825年6月17日，助美獨立革命的法國將軍拉法葉（Lafayette）親自參與奠基。

整個工程的設計人威雅德（Solomon Willard）曾經參與波士頓「昆西市場大樓」與「聖保羅教堂」的建築。

工程師建議，先修一條鐵路，由馬拉車，順著鐵軌，將西面山上的大石塊運到尼朋塞河（Neponset）邊，由河至海，船運到查理士城。大家希望這是條永久的產業鐵路，而非只為這次的紀念碑運石而建。1826年1月5日「花崗岩鐵路公司」成立，3月4日獲得了政府四十年專利權。

這條鐵路的興建不難，考慮的是兩項安全問題。一是開鑿石塊，由山上往下滑，沒有足夠的斜坡，也沒有空曠的場地作業，到了地面，損壞很嚴重。二是地形起伏很大，運送的路上要靠人力控制，而運石車也要特別設計，下坡如何減緩速度，而上坡卻要增強馬力。好在整個鐵軌是從高處往低處運送。

工程師曾經參與燒煤的火車鐵路興建，而這種馬力加上人力的美國系統，可能是全世界第一次使用。

1827年3月27日，雙方簽約，運石的合同是一年。春天，花崗岩船運成功。而載重車多次改進，加強承受力，使得昆西的石材成了一項外銷品。

☆原來山上的採石場（右頁上圖）

☆山上滾下地面的巨石，今日仍在。（右頁下圖）

今日大部分鐵路仍在，已無營運價值，「昆西歷史協會」希望復原部分，但即使開發為遊覽區，也難找到投資人。

☆鐵道的終點已經靠近河岸

「昆西歷史協會」在每個夏天的星期六，舉辦「產業鐵路遺蹟探訪」，都要預先報名。由專人帶領，乘坐十人的旅行車去現場參觀。包括採石場，鐵路的起點與終點，河岸的碼頭和鐵路的運送區域，節目相當緊湊。

9.格拉斯特（Gloucester）

美國第一個海港

格拉斯特位於麻州的北邊海岸，正是128號公路的北端終點，從波士頓去，可先走1號公路，然後轉向128號公路往北。

也可由波士頓北站，搭火車前往，在格拉斯特站下車。夏天可由波士頓海港搭船前往，停靠在最熱鬧的內港區。

當清教徒登陸朴里茅斯之後，他們沿著海岸線北上，1623年發現了最好的捕魚區，也就是今天格拉斯特的保壘公園（Stage Fort Park）。以後歐洲的移民，直接就到了這個新生地，命名為「格拉斯特」，來自於英國的

☆格拉斯特碼頭歡迎
　遊客的標誌
　（右頁上圖）
☆漁人雕像
　（左頁下圖）

☆漁人妻子海邊望夫
的雕像（左圖）

☆堡壘公園內的涼亭
（右圖）

同一個海港。自己開始建造船隻。1779年，信奉普救說的第一個教堂
（Universalist Church）在海港出現。捕魚業是最主要資源。1862年第一次
大海難，五十艘帆船中的七十位水手喪生。1879年，為格拉斯特歷史上
最可怕的一年，共有249位水手被海吞沒。

居民靠海為生，不懼大浪。1876年漁民強生（Alfred Johnson）單獨
橫過大西洋，他的船被保留在當地的歷史協會博物館。1895年，另一位
勇者史龍久（Joshna Slouum）個人駕船環遊世界。

1925年，伯德塞耶（Clarence Birdseye）發明了迅速冷凍的技術，革
新了食物工業，保鮮的技術以後應用到一般食物。

1953年，當時最大的捕魚帆船「冒險號」，做了最後一次的航行，同
時也結束了「帆船時代」。1988年，這艘大帆船停靠碼頭，變成「國家歷
史的見證物」。它變成了一座活的博物館，週末開放參觀。

「漁人雕像」為海港的地標，建於1923年，正是格拉斯特建港三百年
的紀念日。水手握著轉盤，眼視前方大海的位置。到了2000年，加築海
牆保護，因為浪大時，海水沖向雕像。

1991年小說家江格（Sebastian Junger）根據事實出版了《大風暴》（Perfect Storm），描寫海浪吞食了六位海員的故事。好萊塢「華納兄弟」影片公司改編原著，於2003年推出了影片，整個拍片現場，就在格拉斯特內港的最中央的位置。

今天的海港已由麻州政府設計為「格拉斯特海事蹤跡」（Gloucester Maritime Trail），包括有原居民地區、傳統的市區和州立碼頭，全程都規畫有良好的人行道。

格拉斯特與其他三個靠海的城鎮「岩石港」（Rockport），「依斯薩克斯」（Essex）、「曼徹斯特」（Manchester）合稱「安妮岬」（Cape Ann）。在對外觀光活動上，他們是聯合陣線，分別有商會、藝術

☆格拉斯特市府大樓
（上圖）

☆堡疊公園訪客中心
（下圖）

85

協會的組織。

北邊的「岩石港」與格拉斯特關係最密切。因為這兩個地方事實上是在同一島嶼上，靠三座大橋與外陸相連。

夏天的遊港活動，有一項是「安妮岬海岸線」，正是把格拉斯特與岩石港岸繞一圈。船從橋下穿過，也要從開閘後的河面通過。四座美麗的燈塔，近在眼前，有兩座燈塔平日很難到達，位於海中孤島。岩石港口的碼頭小屋，被票選為全美國最美麗的圖案。

全美第一位海洋畫家

費修・澤・藍（Fitz Hugh Lane）1804年出生於格拉斯特，他的祖先是1623年來到安妮岬的清教徒。

十二歲父親去世，他學會墨筆畫與素描。廿八歲時有兩個職業，一是鞋匠，另一是石版印刷師。他常去波士頓，為的是接受正式的訓練。

三年後，專心於石版印刷，一直到卅六歲才畫出第一張油畫，畫室在波士頓，而作品公開展覽於波士頓與紐約兩地。

1848年回到格拉斯特定居，設立畫室。夏天首次訪問緬茵州。兩年後，石造的住家房子完成。他和朋友再去緬茵州繪畫。

1851年，「美國盃」帆船賽開始，他畫了參賽的帆船。同時計畫「波士頓港」與「格拉斯特港」的系列畫作。不論是南下或北上，費修・澤・藍出外都是坐船。

☆費修・澤・藍的家（左圖）

☆費修・澤・藍作畫的銅像（右圖）

☆費修・澤・藍的作
品〈波士頓港口〉
（波士頓博物館提
供）（上圖）

☆費修・澤・藍的作
品〈緬茵海灣〉
（波士頓博物館提
供）（中圖）

☆費修・澤・藍的作
品〈釣魚聚會〉
（波士頓博物館提
供）（下圖）

1860年，美國內戰開始，他已經開課授徒，最重要的一些繪畫也陸續出現，晚年則專心畫家鄉格拉斯特的題材。

1865年去世，享年六十一歲。當時波士頓報紙刊出：「這位天才型畫家的去世，將是國家的損失，目前藝術界也非常關心。」

當地人為了紀念這位重要的畫家，在他住的房子旁邊，豎立「當年作畫」的銅像，相當別緻。

位於格拉斯特中心的「安妮岬歷史協會」（Cape Ann Historic Association）的博物館，在一樓進門右手，特闢「費修・澤・藍畫廊」，收藏他最多的作品。1988年，華盛頓國家畫廊與波士頓美術館，聯合舉辦「費修・澤・藍繪畫展」，共展出他一生中最重要的六十一件繪畫，其中二十四幅是屬於安妮岬的主題。

雖然他畫過一些陸地與教堂，都在沿海與水域附近，全然與海洋無關的題材，實在很少畫，費修・澤・藍被稱為美國第一位自學的海洋畫家，真是實至名歸。

全美第一個藝術家社區

它的主要位置是在「岩石頸街」（Rocky Neck Avenue），正好包圍著「史密斯灣」（Smith Cove）。這裡成為藝術家社區，至少有二百年的歷史。很多美國名畫家都在此住過。像是荷馬（Winslow Homer）、費修・澤・藍、哈山（Childe Hassam）、霍伯（Edward Hopper）、戴維斯（Stuart Davis），都有驚人的創作。

設計〈漁人雕像〉的雕塑家克雷斯科（Craske），他的工作室就在碼頭。現在藝術家種類更廣泛，進駐了不少攝影、針織、蠟像的工作者，到了夏天，這裡比大旅館還熱鬧，多了一群表演藝術家。

第一個藝術組織，是成立於1923年的「北岸藝術協會」（North Shore Arts Association）。它在2003年慶祝了度過八十個年頭。紅色穀倉式的兩層樓房子，主要的三大項展示是繪畫、雕刻與圖案。位在東主街（East Main Street）。

沿著海岸繼續前行，看到馬路右轉，就是「岩石頸街」。一面看海，一面參觀藝術家的店鋪，直到沒路，已是盡頭。這時對岸正是「藝術協

☆藝術家社區內的建築小巧可愛

☆藝術家社區面向海灣

會」，這樣的走法稱為「畫家小徑」
（Painters Path）。

全美最大的私人住家管風琴

1929年，僅次於愛迪生的發明
家漢蒙德（Hammod）完成了他的
堡壘住家，位於海邊，完全仿造歐洲堡壘的形式建造。全家人喜愛音樂，
家裡安裝了管風琴，共有8200個管，在當時是極為少有的現象。然而卻
吸引了全世界的管風琴專家前往一試，使得每個週末都有音樂會。

他是個熱情的古物收藏家，對早期羅馬、中古和文藝復興時代的藝術
品，特別有興趣。我們節錄一段漢蒙德的信件，當中有這樣的描述：

☆安妮岬歷史博物館
　標示

☆漢蒙德堡壘外圍花
　園圍繞（左圖）

☆拱門下的堡壘
　（右圖）

　　「在歐洲期間，旅途奔波。有時整天忙下來，真想找一處安寧的所在
靜一靜，像是大教堂、大廳，甚而羅馬城牆的殘壁、大橋、競技場或是古
劇院。不論何種建築物，經常能很快地驅散疲困的時段，又能打起精神。

　　石頭與樹木都是人類的個人紀錄，我們所謂的環境，不是用語言可以
表達的，可是這些古老的紀念物，總是不停地出現。你可以讀歷史書，甚
而參觀擁有那些藝術品的上百個博物館，卻無法使精神再生，除非走過他

們居住的房屋，或是他們生活背景的現場。簡直是不可思議的事，人類思想的表達竟在城牆與門窗之內。」保存古蹟與遺物是何等重要！

10.托朴斯園 (Topsfield)

全美歷史最悠久的農藝展

它的位置在麻州北邊的托朴斯園（Topsfield）鎮，可由95號公路往北，在50號出口，順著1號路往北，展覽場地在右邊。若由95號公路往南方向，再接97號公路，再接1號公路往南，展覽場地在左手邊。

由於展覽場地太遼闊，因而有五個停車位的畫分，必須記清楚是哪一個。入場的收票口共有四個，便於疏散與出入。

展覽的季節，選在秋收以後，日期不確定，但必然包括10月的第一個週末，連續十天，每天開放時間從上午10點到下午10點。如果是週末前往，一定要在9點半以前到達，不然，一則找不到停車位置，一則1號公路

☆托朴斯園農藝展的
歡迎遊客標示

只是雙線道，平日費時十分鐘，展覽日可能要花半小時。

　　麻州雖然是高科技為主要產品的地區，過去卻是美國最早的農產品實驗場。今日各地農牧的盛產品種，很多是從麻州傳播過去的。

　　直到今日，麻州一樣重視這些傳統的農藝展。每年由「食物與農業部」安排全年各地的活動，它是一項全家福的教育節目，至少有六十個鄉鎮舉辦這種吃喝玩樂都有的遊藝表演。不只是鄉民、農夫們的成果展示，也是他們的鄰居與城市朋友們聚會的時間。

　　其中以創辦最早、規模最大、最有成就的托朴斯園農藝展最受矚目。創辦於1818年，到了2004年，正逢一百八十屆的盛典。在籌畫、宣傳、場地、規模、內容、交通、節目各方面，真是面面俱到。

　　它的委員會由十三位各方的代表組成，參展的會員有一千兩百位，是個非營利，卻很有組織的民間單位。

　　每個場地的每天活動，從早到晚，都非常清楚地公布在展覽手冊中。重要的項目包括花展、水果展、蔬菜展、年度最重的南瓜、農莊博物館、罐頭加工食品、養蜂與蜂蜜、家庭釀造品、駱駝表演、侏儒山羊表演、拖車馬表演、白兔表演、天竺鼠表演、牛、幼禽、小豬賽跑、開放的羊群、

☆這裡也有賣中文的
　貼紙（上圖）
☆在天上飛的汽車
　（下圖）

賽馬、青少年才藝表演、農藝展照片競賽、室內魔術表演、室外鄉村歌曲
演唱會、室外音樂會、藝術與手工藝展覽、大會紀念品販賣處。

　　另外有兒童遊樂場、飲食街、野餐區，全家老少都可以找到自己的天
地，玩它一天不嫌多！

☆農業展會場吸引遊
　客的彩色木雕
　（左頁圖）

　　由於這是年度固定的展覽場地，所有的展覽，大部分都有室內的專用
館和表演舞台。年年都來，就成了識途老馬。

☆大型的室內表演場
　（中左圖）

☆遊樂場一景
　（中右圖）

☆野餐區已經人滿為
　患（下左圖）

☆大型音樂會座無虛
　席（下右圖）

　　特別要介紹建於1922年的「農莊博物館」，專為當地農人的展覽場，也是「托朴斯園農藝展紀念館」，建築物就是設計成農人的住家。

　　由於舉辦農藝展，必須要有固定的聯絡處與辦事處，所以1867年先成立兄弟會組織。當農藝展擴大後，有多項競賽，必須聘請專家評審，所以

小型音樂會開場前
的一景（上圖）

農藝展會場到處都
是人潮（下圖）

很多要決定名次的競賽結果，都在博物館進行。

　　委員會非常歡迎自願工作者，因為有些競爭是比快、比大、比重，只要借重人力，毋須專家參與。

利用農藝展，出售手工藝品與大會的紀念品，所有盈餘與獲利設為獎學金，讓當地的「農業與技術高中」的畢業生，繼續就讀大學。

博物館內另一項永久的展示品，為電動的火車模型，吸引了不同層次的年齡的觀眾。

這種農藝展，包括了古老與最新的產品，傳統與當代的對比，舊式與現代的選擇，都沒有絕對的好壞標準。

11.撒冷 (Salem)

全美第一個國際港

撒冷位於波士頓北區的海灣內。從波士頓北站搭火車前往，火車站離市區只有十分鐘步行路程。也可由波士頓的黑市場（Haymarket）乘公車直達。公車站與火車站在同一位置。

如果開車，可以從波士頓走1A路線即達，或是走128號高速公路，25號出口，接114號公路往東，到達撒冷。

☆當年最繁忙的貿易
　碼頭

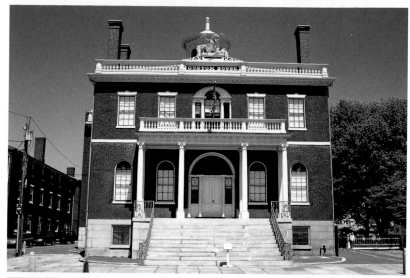

　　「國家公園訪客中心」，是過去的軍火儲藏庫改裝的大樓。內部為現代化裝潢，空間、光線、隔間、設備都很舒暢，四周全是資料與文物的陳列，所有的印刷品全是免費。

　　書店也在大廳，市區的觀光巴士購票處也在這裡。介紹撒冷的影片，每隔半小時放映。這個城市發展觀光的做法，讓很多其他國家的專業人員前來學習。

　　美國獨立後，撒冷的船隊開闢了新的市場。1784年6月到了俄國的聖彼得堡，1785年3月抵達非洲的好望角，1786年9月沿著中國海登陸廣

東，1787年的5月，回到了撒冷海港，帶回的貨物，利潤至少在一、二百倍之間。而船商德比（Derby），不僅開啟了「中國貿易」，他的家族繼而壟斷了遠洋航運。

中國的茶葉、絲織、瓷器、玩物，進入了美國富人的家庭。而撒冷成為美國第一個國際貿易港。1790年撒冷只有八千居民，是美國第六大都市，卻是最富有的城市。

A MEMORIAL TO THE BOYS OF THE
IMMACULATE CONCEPTION PARISH
WHO SERVED THEIR COUNTRY IN
THE WORLD WAR

　　撒冷地勢呈長形，全部面向海洋，碼頭不斷地擴充。船長的家，經由
建築師特別設計，都是美麗的大廈，三桅的帆船愈造愈大，配備槍砲武
器，防止海盜的侵襲。海洋知識與航海專家，幫助了人類減少海難。

　　1807年，撒冷已有二百艘以上的船，航行於全世界各地。技術的改
進，在設備、速度與安全各方面，已具效率。

　　撒冷的海關，遠在1637年開始，為英王執行職責。後為美國聯邦政府服務。早期百分之九十的國家預算來自海關稅收，而撒冷商人貢獻了百分之八。名作家霍桑曾在海關服務，後寫了《紅字》小說。

　　1938年，撒冷的海事盛況，包括海關大樓、倉庫、碼頭、船主的豪華大廈，被設計為「國家歷史勝地」（National Historic Site）。夏天，整個靠海的位置，變成遊客最多的漫步區。附近的博物館、公園、旅館、飯店、遊樂場，全在腳程之內。

全美第一個百萬富翁

　　自從美國革命成功後，英國所有的港口，暫時禁止美國的船隻入港。這時候，撒冷的商人另謀出路。既然到歐洲的航線受阻，不妨開闢新航線，到印度、中國去做交易，「東印度貿易」維持了三十年的時間，使得撒冷成為美國第一個真正通往歐亞兩洲的國際港。

☆第一位百萬富翁德比的家

其中以商人德比最有成就，成為美國第一個百萬富翁。《美國傳統雜誌》（American Heritage Magazine）始終列他為全美四十富人之一。

德比四十四歲時控制了家族的產業。他從來沒去過海上，可是對於海外貿易的情況瞭如指掌。1762年，他把原來的碼頭延伸，增加了兩倍的長度，有時候還得應用臨時的浮動碼頭，幫助貨物的運送。撒冷海運的盛期，總共有五十座碼頭，二十六個以上的倉庫，而德比碼頭就占了十四個倉庫。同年，在海關大樓的隔鄰，新建的德比大廈完成，面對大海，隔窗直望碼頭，遙領他的海運王國。目前是撒冷最古老的磚房。

全美最古老的大廈

由船長約翰（John）於1668年所建，他的後代子孫與家族，在此居住了百年以上。然後賣給了英格索斯（Ingersolls）家族。而蘇珊納（Susannah Ingersolls）正是大作家霍桑的表姊，他常去拜訪，特別欣賞房舍的特殊結構，由於不斷的擴增，而形成今日相當複雜的建築。

☆七角樓名揚天下
☆霍桑的銅像
（右頁圖）

藝術家雜誌社　收

100　台北市重慶南路一段147號6樓

6F, No.147, Sec.1, Chung-Ching S. Rd., Taipei, Taiwan, R.O.C.

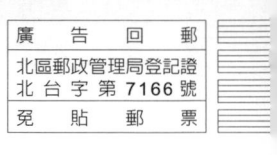

姓　　名：＿＿＿＿＿＿＿＿＿＿　性別：男□ 女□ 年齡：＿＿＿＿＿

現在地址：＿＿＿＿＿＿＿＿＿＿＿＿＿＿＿＿＿＿＿＿＿＿

永久地址：＿＿＿＿＿＿＿＿＿＿＿＿＿＿＿＿＿＿＿＿＿＿

電　　話：日／＿＿＿＿＿＿＿＿　手機／＿＿＿＿＿＿＿＿

E-Mail：＿＿＿＿＿＿＿＿＿＿＿＿＿＿＿＿＿＿＿＿＿＿

在　　學：□ 學歷：＿＿＿＿＿＿＿　職業：＿＿＿＿＿＿＿

您是藝術家雜誌：□今訂戶 □曾經訂戶 □零購者 □非讀者

客戶服務專線：**(02)23886715**　E-Mail：**art.books@msa.hinet.net**

　　霍桑寫的《七角樓》（The House of the Seven Gables），使得古老的
大廈名滿天下，這座龐然大物，不只是新英格蘭的財產，也是美國建築史
上的傑作。

☆七角樓的後花園
（上圖）

☆七角樓的另一景
（下圖）

參觀具有三百年歷史的大廈，內部充滿著當年東西貿易的收藏品。它的建築式樣，包括了三個世紀的經驗。

1909年，增添了殖民地時代花園一座，販賣咖啡、簡餐，在好天的時候，可以坐在爬藤下享受。禮品店原來是造船商呂泰爾的家，也是十七紀的古老設計。

當然，若能讀讀霍桑的《七角樓》再欣賞這棟大廈，會更有意思！

在撒冷大街上，有一尊霍桑銅像。公園旁有座霍桑大旅館。海關大樓裡有霍桑寫作的桌椅。霍桑的祖先就是女巫審案的法官。難怪有人稱撒冷是「霍桑城」。

全美唯一的女巫城

1692年亂事發生，在撒冷偏遠的地區一群女孩與婦女，行徑怪異。一人在屋裡亂跑，哭著發出呼呼的聲音，竟然想要飛；另外一個人在教堂，對外人叫「夠了！快停吧！別說了」，當時傳道士正要開始對教徒傳道。

撒冷的居民，認為是女巫使得她們的行為變得不可思議！因而150餘人被捕，想找出誰是女巫！當時的人認為巫術與魔法是相當普遍的。

最後十九人被判罪，要執行死刑。其中被捕的瑪麗的口供書內，請求法官不要判罪給無辜的人們。另一位七十一歲的瑞貝卡（Rebecca）被判為女巫，被吊死。

　　搜捕行動繼續，人心惶惶。最後由麻州州長發出禁令，停止一切審判，才使社會平靜。1697年1月15日定為安息日。1711年，麻州政府平反，讓所有受難的家屬都判無罪。

　　當年滿城風雨，恐怖的悲劇非局外人所能想像。今日「撒冷蠟像博物館」裡，遊客可以面對面，與被吊死的女巫對視。

　　審判法官柯雲（Corwin）所住的房子被保留，現在改稱「女巫的家」（Witch House）。因為當時被抓的嫌犯都關在這裡。

☆撒冷又稱女巫城，當地報箱用女巫當標誌。

☆撒冷女巫博物館

☆撒冷女巫審判紀念
碑

　　整個的女巫事件，在「撒冷女巫博物館」重現，保持視覺、音響的特殊效果，那種淒厲哀號，真是驚心動魄，荒謬的世間慘劇何其多！怕外國遊客搞不清楚是怎麼回事，這裡有六種不同語言的預先介紹，讓參觀者有心理準備，免得參觀時不知所措。

　　另外還有「撒冷女巫村」與「女巫歷史博物館」，使得撒冷有六處展示的場地。

　　到了夏天的夜晚，只要你有膽量，還可以看好幾種刺激而嚇人的節目：「吸血鬼與魔鬼尋訪」和「追尋鬼的蹤跡」。大家手拿蠟燭，月夜下靜走，那種氣氛讓人窒息，就算看不到真鬼，而導遊多半裝扮為長髮古裝的女性。黑夜裡，導遊的身影就像鬼影一般。

全美最古老的博物館

　　美國最古老、長年經營的博物館，也是最主要的海事博物館，擁有全美國在民族學上最好的南太平洋和遠東文物的蒐藏。

　　誕生於1799年，由「東印度海事會社」蒐集了很多有趣的自然與人為的加工品。1824年移到新的「東印度海事大樓」。1867年改名為「皮巴第博物館」（Peabody museum），慈善家喬治・皮巴第曾有很大的捐獻。

　　2003年的6月21日，皮巴第博物館的翻新工程落成，耗資一億二千五百萬美元，使得250,000平方呎的展覽場地，邁向國際的水準。它的重點

☆博物館在花園的入口處

是展示新英格蘭的藝術與文化傳統，同時蒐集亞洲、非州、美國原住民與大洋洲的文獻。

全美第一座博物館，現在又充實了現代科技的新設備。寬敞、舒適的大廳，在光線、高度、空間的精心設計下，使得每一位參觀者，都有開敞的心情盡情欣賞。

新館的第一項重頭戲，展出中國家庭「蔭餘堂」，全部完整的二層樓古厝，是從中國東南山區的村莊購買到此。二百年歷史的建築物，結合了中美建築師、藝術家、工程師與博物館專家，重新再現古厝原貌。2004 年初，邀請了蔭餘堂的家族前來美國訪問。

擴建後的新館，把過去散落各街道的展覽室，現在全部在一個屋頂之下重現，方便了所有的參觀者看見全貌。

博物館共分三層，地面建築包括美國裝飾藝術、海事藝術、韓國藝術、中國出口貿易藝術、禮堂、博物館商店、陽光下玻璃大廳的咖啡室和特展的蔭餘堂古厝。

二樓包括印度、非洲、海洋、日本和印第安藝術。以及美國裝飾藝術與中國出口藝術，另有建築與設計方面的展示。

三樓展出日本與印度的出口藝術、攝影與廣大空間的特展場地。

不同的樓層而有相同名目的展覽，在兩層樓之間有樓梯相通。相信未來博物館還會調整安排展覽的房間。

除了博物館主館外，戶外有亞洲花園、聯邦花園與建築雄偉的「菲力普圖書館」（Philips Library）。同時包括了三座歷史性的住家，分別代表十七、十八、十九世紀：

☆博物館最早期的大門（右頁上圖）

☆菲力普圖書館（右頁下圖）

☆「蔭餘堂」古厝實景（博物館提供）

☆東印度海事大樓

1. 迦納的家（Gardner-Pingree House），建於1804年。

2. 約翰的家（John Ward House），建於1684年。

3. 班尼的家（Crowninshielg-Bentley House），建於1727年。

12.梭格斯（Saugus）

全美第一個製鐵工業

　　梭格斯在波士頓北邊，可由1號路往北，在主街（Main Street）出口，鎮公所在十字路口，左轉上中央街（Central Street）。不久，就在右邊出現很大的標誌。

　　也可從128號公路前往，在43號出口，接上1號路，依照上述方向。

　　1641年，年輕的約翰坐船到英國去學鑄鐵技術。回國後，準備設立鐵工廠，並未成功。結果由理查實現願望。

　　他選擇了波士頓近郊的梭格斯河（Saugus River）畔為鐵工廠的位址，可以利用水力與運輸，附近也有森林與原料物質。在1646年為麻州與英國生產鐵製品，技術與水準與十七世紀的歐洲相同，可是到了1650年早期，有了財務的困擾，在1668年停止營業。

梭格斯鐵工廠，雖然只經營廿二年，卻是第一個將複雜技術引進美國的鐵工廠。在梭格斯工作的並不是清教徒，而是來自英國和威爾斯的技術人員。

1943年6月，麻州政府決定將該址列為「國家公園服務處」之下。1947年成立了「第一個鐵工廠協會」，開始了整修恢復的計畫。

經過各種專家的勘

☆鐵工廠博物館
（上圖）
☆梭格斯國家歷史古
蹟（下圖）

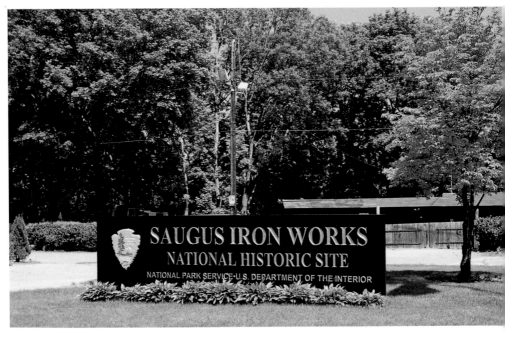

察、挖掘、設計，陸續不停的工作。整個計畫到1962年為止，已經用去二百卅五萬美元，其中一百四十五萬美元用於重建與修築。為了使整個復建工作取信於公眾，發行了《第一鐵工廠公報》，每期報導工作進展。邀請國會議員訪問舊址，希望獲得聯邦政府的補助。

☆舊木輪是最好的裝飾（上圖）
☆鐵工廠原來的鑄鐵原料（下圖）

1954年9月17日，正式對外開放，當日來賓一千兩百人。到1955年底，統

計一年參觀人數，共有17,310人。到了1957年增至23,930人，從門票與紀念品的銷售，獲益五萬元，一半用於維護，卻缺乏基金去做更多的建設工作。

1962年，協會投票決定將史蹟交由聯邦政府管理。1965年由麻州國會議員提案。1967年由內政部的推薦，議會全體通過，第二年由總統簽署。

國家公園服務處，首先花了40萬元，購買鄰近兩棟房子，做為訪客服務中心。有了固定的預算，舊址可以挖掘與修復，於1969年7月1日再度開工。

今日的梭格斯鐵工廠舊址，有一座博物館，提供短片介紹，同時陳列原址發現的數百件加工品。館外有一大片青草地供遊客野餐、遊戲。

走下斜坡，當年的整個鐵工廠呈現眼前，包括了水力、磨坊、鍊爐，還有原料、鑄模、成品。更重要的是，整個鑄鐵的系統與流程設計，一應俱全，顯示了早期人類的智慧。

13.洛爾 (Lowell)

全美第一個工業城

洛爾位於波士頓的西北方，由波士頓從93號路北上，改換128路，再接3號路，再轉向495號路往北，三分鐘內就到出口。

另一種走法，是由波士頓順著93號路，一直碰到495號高速公路，往南標誌，快到3號路，有洛爾的出口好幾個。

也可以由波士頓北站，坐火車到洛爾，離市區走路約十分鐘。

1800年的美國，是個農業、商業、手工藝為導向的國家，工業還在嬰兒期。可是三千里外卻發生了驚世駭俗的大事，那就是英國水力的紡織工業，開始了世界的工業革命。

☆鐵工廠的水利應用
　（左頁上圖）
☆鐵工廠附近的溪流
　（左頁下圖）

1810年，年輕的波士頓商人洛爾（Lowell）搭船到英國，參觀了幾家新的紡織廠，回到波士頓後，花了好幾個月時間，根據記憶，設計興建了美國第一個非人力的織布機，新時代開始了。

☆國家歷史訪客中心
　標誌

　　1817年，洛爾不幸去世，他的同僚從事投資，有一家大型的棉布廠，正在尋找足夠的水力用以經營，他們選擇了墨里麥克河（Merrimark River）最有力的地段，稱為「帕它奇瀑布」（Pawtucket Fall），因為水勢來自32呎的高度，並且持續有一哩。

　　在瀑布的附近，小鎮很快變成了全美第一個大工業的中心，驕傲地取了新地名——洛爾。緊接著運河、工廠、機器，在奇妙科技的配合下，一下子成為整個美國與全世界好奇人士都來參觀之地。

　　早期的洛爾，能有技術與經濟的革新，它最大的特色是來自新英格蘭農村的婦女勞工。從十五歲到三十歲，成千的年輕婦女湧入工廠，固定的工資，包括了食宿，還有她們嚮往城市生活的趨使，讓她們離鄉背井。她們平均待三到四年。一週六天，工作73小時，平均週薪為3.5美元。

　　在別的城鎮，靠近河流的地段陸續也興建紡織廠，由於彼此的競爭，廠主減薪而要求快速生產，使得勞工與管理兩方面起了衝突。

　　在1830和1840年間，年輕的婦女表現不滿，決定採取行動，她們請願、演講、出刊物，根本無效。廠主拒絕任何的改變，洛爾的黃金時期就這樣被苦難埋沒。

　　美國內戰的前後，新英格蘭婦女漸漸放棄工作機會，紡織業主只好另覓人力，引進新來的、便宜的，卻是複雜來源的勞工移民。

　　在1820年，竟然有三千五百萬移民進入美國。好幾千人去了洛爾——愛爾蘭人、法籍加拿大人、希臘人、波蘭人、猶太人、葡萄牙人和其他國家的人。整個地區變成了聯合國，造成太過擁擠人潮的黑暗時期。

　　大量生產已經超過了需求，而人們因生活的改善，對品質的重視，代替了以往只選擇價格的單一取向。更多現代化的紡織中心出現，迫使洛爾的工廠在1912年再度減薪。導致工人在工會的領導下發動了大規模的罷工。工人雖略占上風，惡運隨之而來。

　　成長中的南方紡織工業，取代了老式的制度，洛爾的廠房被迫關閉或遷移，進入了經濟的蕭條期。

洛爾國家歷史公園

　　今天，洛爾開始歷史的新篇幅，一切從頭再來，不要依靠一種工業來維生，必須兼顧各項的均衡發展，配合時代，不斷改進，才有來生之日。

　　過去洛爾居民的奮鬥，奠定今日城市的規模，運河、廠房、水力、勞工，並不需要全部放棄，一樣是未來發展的本錢，更重要的，很多訪客就

☆訪客中心大樓一景

☆讓民眾免費乘坐的
　有軌街車

是來看歷史的遺蹟，同時感謝他們推動美國的工業。

　　1978年「洛爾國家歷史公園」成立，主要保存美國工業革命的開啟歷史。洛爾的建築、文化與豐富歷史，透過導遊、表演藝術與展示，介紹給觀光客。

　　「訪客中心」是一座高大的連鎖廠房大樓，過去是一家紡織廠，現在屬於國家歷史公園，從中可以得到任何有關洛爾的一切訊息。裡面有間店鋪，出售書本、海報、明信片和一些歷史性的紀念物，甚而可代勞定旅館、選餐廳。

　　由於場地寬敞，過去在工業革命成就的產物，也在訪客中心展示，包括照片、文獻與實物。同時有一座可坐二百人的放映室。「洛爾：工業革命」是一部多元視覺的幻燈片組合的得獎作品。廿分鐘後，讓你知道，洛爾在美國歷史的重要性。

　　國家歷史公園的設置，挽救了洛爾，也使得當地居民重獲信心，再次建設家園，而在國家歷史公園服務的工作人員，不只有熱誠，都有專業的訓練。

　　提供的節目很多，其中最受歡迎的是「帕它奇運河」的旅遊。整個過程二小時半，在訪客中心登上有軌街車，到了運河的上船處，遊艇可以坐十五人，開始了5.5哩的水力運河的航行。

　　船速很慢，有的地方河道狹窄。兩岸仍有不少大廠房，相等的距離，就會有水閘出現，有的要開門，汽艇才能通過。穿過不少路橋，最後看到

　　了廣大水域的墨里麥克河。目前建立了水壩，人們可以從河面欣賞壯觀的瀑布下瀉。

　　船隻轉頭，回程是另一個方向，整個遊運河，像是繞了一個大圈，河面較高，可以見到兩岸地面建築物，大部分運的水位都比較低，因而運河也有防洪的功能。

　　運河兩岸廠房林立，其中「布特棉織廠」（Boott Cotton Mills）有九十部織布機仍可操作，擁有全套當年的生產系統。參觀者免費贈送耳塞。位置在市區，有軌街車接送遊客。

世界最大紡織史博物館

美國紡織史博物館,正與洛爾的國家歷史公園的訪客中心,隔街相望。它有寬敞的停車場,建築物與收藏品,不只是美國最大,也是世界上最大的紡織博物館。

主題是在展示美國的紡織史,所以盡可能地包括了美國各地的代表性與特殊性。博物館原址是在麻州的北安多福(North Andover)。它在1960年首次公開,到了1997年,遷移現址,本來就是紡織廠,因而成為名副其實的紡織史博物館。

博物館有永久展覽陳列部分,特展部分,每半年因需要會重新布置。它也是研究機構,幫助任何個人與團體做一些特殊功能的節目,收藏部、圖書館、管理中心都會贊助。

從家庭手搖的紡輪,一直到後來快速的紡織機,全部都有。成品的女性禮服,像是櫥窗中的高級手藝。收藏的棉布花樣,至少有一千種以上。

有一間紡織品陳列室,走入其中像是進了1820年代的布店,布匹像是書本般的整齊排列。還有一間十八世紀的棉布儲藏室,有三萬平方呎的空間。光是各種不同的紡輪,就收藏了三百種以上,至於棉紗線團,簡直數不盡。博物館裡有一間大廠房,裡面放了目前美國最古老而還能操作的紡織機,在參觀者面前現場表演,有時候需要維修人員的協助,才能使節目繼續進行。

美國紡織原料是棉花與羊毛。所以現場也有剪羊毛的特別節目,還有一間純羊毛成品的製造廠。至於棉花的種植、成長、分布與種類,不是一般人所能瞭解。顏色與質料,只有摸在手裡的樣品,才能感覺出不同。

☆河岸的紡織大樓

除了十八、十九世紀的紡織機，也有印花布的機器、圖案與顏料，成為發展紡織業的另一個境界。先染色再織布，或是將白布染色，這是不同的，完全看功能與用途而定。博物館的紡織史與成品的展覽，包括了美國1700年晚期到1950年間的發展。它的教育中心，非常受孩子們的喜愛，都是要靠雙手才能完成的一些紡織物品。

博物館的永久展品，有一架靠手工穿梭的織布機，現代人簡直無法想像當時如何操作。

☆布特棉織廠博物館入口（上圖）
☆運河兩岸也成了公園（下圖）

☆運河水閘上的建築

☆免費街車接送遊客

☆紡織史博物館外貌

☆紡織史博物館展出不同的紡輪

全美規模最大的民俗慶典

　　洛爾的紡織業衰微後，國外的移民不見得減少，而亞州地區的移民增多，成為大波士頓區亞裔人口增長最快的城市。其他東歐、南美與非洲的居民也不少。一年一度的「民俗表演」更具特色，以往偏重地方性，現在成了國際性。

　　已有七十年歷史的民俗表演，選在7月最後一個星期的五、六、日三天。表演場地分散整個鬧區，各國的表演都有，以音樂舞蹈為主。也有大

☆博物館豔麗的標誌

☆伯定公園大型的音樂晚會即將開羅（下左上圖）

☆盛典即將開始，觀眾陸續進入會場（下左下圖）

☆帳篷內的音樂會，也可以跳舞。（右圖）

型舞會，樂隊伴奏，人人可參加。所有節目全部免費。當然，各國的食物也都互別苗頭，沿街全是攤位。

最重要的演出，安排在伯定公園（Boarding House Park），觀眾席有階梯層次，舞台是在低處，公園位置理想，運河、廠房是背景，尤其是在夜晚，戶外的音樂會在強光下，有非常好的視覺效果。

民俗表演的成功，使得伯定公園成為夏日的理想戶外表演場地。每星期五、六，都有音樂會，來自全美各地的遊藝團體與個人，樂意受邀參與這項活動。

14.康考德（Concord）

美國獨立戰爭第一戰場

康考德位於麻州的東邊，正是128號公路和495號公路之間的城鎮。從波士頓過了查理士河，從劍橋鎮沿著2號路往西，可以抵達。途中經過好幾個其他市鎮，比較慢。

民兵雕像

另一種走法是上90號高速公路，接上128公路往北，在30號出口，然後再接2A往西，五分鐘的時間，你已經和古戰場的戰鬥路線平行了。

1774年，康考德被選為全州各市鎮的會議場所。代表們授權而委託訓練民兵，只為保衛。而蒐集和儲存槍械、彈藥、麵粉、帳蓬、鹹肉、炊具和挖掘壕溝工具。用馬車裝運分藏到鎮民家的閣樓、天花板、穀倉，隱密在全鎮中。然而擁皇派接到密告，英軍總司令決定顯威，派軍隊入鎮，逮捕領袖和摧毀這些軍需品。1775年4月18日夜晚，全軍出動。

☆位在康考德河上的
　北橋（上圖）
☆夜其示警的保羅，
　在此被捕。（下圖）

　　在萊克辛頓鎮（Lexington），漢考克（後為國會領袖）和亞當斯（後
為第二任總統）接到保羅·理佛（Paul Revere）的消息後脫逃，可是保羅
卻被逮捕。當英軍逼近的時候，民兵只好退回到康考德河邊，他們已接受
操練，絕不率先攻擊。英軍等搜捕農莊的同伴回來，全部撤回波士頓。然
而民兵援軍卻從別的市鎮集攏而來，展開了摧毀性的攻擊，直殺得英軍陣
腳大亂。戰爭爆發了，在老北橋（Old North Bridge）的戰場，為爭自由

☆殖民旅館
　（右頁上圖）
☆康考德博物館
　（右頁下圖）

而戰。愛默森祖父威廉（William
Emerson）住在「古屋」，這是距戰
場最近的一棟房子，牧師全家從窗戶
向外觀望這場戰爭。

　　坐落在康考德河上的老北橋，永
遠為人懷念，民兵隔河對抗，誓守家
園。他們的不屈不撓才贏得了獨立戰
爭的勝利。1956年9月29日，新橋由
麻州政府重建完成。橋頭兩端約5公
尺處，各有一個紀念物。東面為「記
功柱」，於1836年為康考德居民所
建。西端為「民兵雕像」，建於1874
年，紀念獨立戰爭一百週年。

　　康考德的大街上，最熱鬧的地方
就是「殖民旅館」（Coloniel Inn），

目前是鎮上最原始的建築。東邊建於1716年，中央擴建於1770年，在獨立戰爭期間，做為麻州的儲藏庫。其餘部分在1821年增添，也就形成了延伸為三部分的大房子。

「民兵國家歷史公園」將當年的戰鬥路線保留，人們在樹林裡可以追隨他們的足跡，總長約四哩路。同時設了兩個訪客中心，四個停車場，全年開放，對遊客非常方便。

全美唯一的作家街
（愛默森、小婦人、霍桑）

☆小婦人父親的哲學教室

康考德是十九世紀美國文學的中心，最有名的作家竟然都集中在一條街上。從東邊算起，先是霍桑的「道旁大廈」（The Wayside），隔壁就是「小婦人的家」，繼續往前走，左手先看到「康考德博物館」，接著是「愛默森的家」。

梭羅辦學時，當過小婦人的老師。而愛默森家的藏書，吸引梭羅以勞力去換取閱讀權，每次愛默森出國，梭羅都幫他看家。梭羅是與父母同住，位於今日的主街。

三位作家的房子，先後距離不過是半哩路：

1.霍桑的家：1852年霍桑回到康考德，買了在萊克辛頓路旁的房子。在房頂加蓋一小間，希望能專心寫作，他為這棟房子取名「道旁」（Wayside）。

霍桑死後數年，房子從他女兒手中被出版商買去，他的妻子就是以筆名希得奈（Magaret Sidney）寫了一本孩子們非常愛讀的《五個小胡椒》

爭路線的指標
左頁上左圖）

家歷史公園北橋
客中心
左頁上右圖）

家歷史公園的標
（左頁下圖）

（Five Little Peppers）。

原是十七世紀的住家，每個房主都做了增添，今日成為大廈。幸運的是國家歷史公園在門前蓋了個大停車場，十分方便，因此遊客更多了。

2.小婦人的家：當地人都稱「果園屋」（Orchard House），它的附近與後山種了很多果樹，1650年所建。從1858到1877年，為哲學家艾考特（Alcott）的家，他的四個女兒，在家教指導下，都能發揮個人所長。

《小婦人》中的內容，大部分是真實的美好回憶。目前屋裡仍然留有女孩們玩樂時的戲裝和原先的家具。每個房間整潔簡單，都有溫暖與實在的感覺。

3.愛默森的家：一棟白色正方形的大廈，坐落在兩條街的交叉口，方便而幽靜。四周有很多綠地，後花園仍開著黃菊和薔薇，靠馬路的兩邊有半公尺高的白木柵圍著。

整棟房子分上下兩層，每一面都是對稱，樓上五扇窗，樓下是一門四窗。外貌的保養與維護仍有當年的氣勢。愛默森住在那裡，從1835年直到1882年去世。當時最有名的作家都去訪問，他的會客室成了文學家的討論會場。

4.古屋：建於1770年，為愛默森祖父所居，曾在樓上窗口觀望北橋戰役。而愛默森的《自然》（Nature）是在老屋完成的第一部作品。

當霍桑1842年和新娘來到康考德，住在老屋，寫下他的名著《古屋苔痕》（Mosses From an Old Manse），三年以後，他們離開。

霍桑的家
（左頁上圖）
小婦人的家
（左頁下圖）

梭羅與華爾騰湖

　　1817年7月12日梭羅出生於康考德。在1833年8月30日，十六歲的少年人進了哈佛學園。兩年後，冬季班休學，打工賺學費。而愛默森也搬到康考德。廿歲從哈佛畢業，回到老家教書。秋季，加入愛默森書房討論會，成為終生朋友。10月22日開始寫日記，不曾間斷，最後累積了兩百多萬字。1842年認識霍桑，夏天，梭羅教他划船，一起用餐、散步。冬天時，愛默森也加入，三個人在河上滑冰。次年，代替愛默森編輯雜誌。

　　梭羅在華爾騰湖畔，住了二十六個月，每天寫日記，以後發表為《湖濱散記》。八年後，二千冊正式上市。梭羅死後，重新再印。今天全世界已有一百五十種不同的版本，譯本的銷售總數無法估計，成為全球最受歡迎的文學作品之一。

☆黃色大廈建於182□年，1862年梭羅□於此屋。（上左圖□

☆複製的梭羅小屋（上右圖）

☆梭羅學院是為研究梭羅學術思想設□的中心（下圖）

☆冬天的華爾騰湖
（左圖）

☆梭羅小屋所在的華
爾騰湖畔之舊址
（右圖）

梭羅是位愛好自然的旅行家，北上緬茵森林，南下鱈魚岬，走路是他最主要的行程。在新英格蘭各地演講，提倡簡單樸素的生活，反對蓄奴。閱讀甚勤，擁有千頁以上的筆記，他是當時對印第安人最瞭解的白人。

15.薩德百里（Sudbury）

全美第一個老式旅店

☆旅店的招牌

「朗費羅路邊旅店」位於麻州的薩德百利（Sudbury）鎮。從波士頓開車往西，可走90號高速公路，接上128號公路往北，在26號出口，接上20號路往西，幾乎要走完全鎮，注意路標，向右一條小路，「路邊旅店路」（The Wayside Inn Road），不要一分鐘，情勢開朗，樹林後就是目的地。

1680年美國開始出現客棧，1716年薩德百利也有小店，直到1861年才變得出名，主要是大詩人朗費羅（LongFellow）常在週末去光顧。同時邀約六、七個朋友，圍坐在壁爐旁講故事，他樂此不疲。

到了1920年，汽車大王亨利‧福特（Henry Ford）投資，美化這個客棧的四周，建設得像是個新英格蘭的「迷你村」。

旅店目前還能完整保有全貌，這已經是美國最早的紀錄。起先只是兩間房，門前是來往波士頓與紐約的驛道，由於需求，房子開始擴建與增添。

☆旅店的玫瑰園

今天的旅店有十四項用途的設備：

01.老式酒吧間：最早樓下兩個房間，在1716年得到麻州執照，開始經營為客棧。

02.接待室：當增建這個房間後，七個小孩才有睡房。營業擴大後變成接待室，這也是朗費羅最喜歡的一間。

03.駕車人的臥室：在馬車時代，駕車人很辛苦，一路風塵，也很髒，需要特別照顧與安寧的睡眠。

04.客廳兼臥室：它在二樓中間的位置，不論樓上、樓下的任何一點，都是等距離。

05.霍威的房間：紀念原來的屋主，特殊的布置，壁紙是1800年蘇格蘭的畫面，地毯有相當漂亮的圖案設計。

06.老客廳：1796年增建，作為社交的場合，若是旅客多可作臥房。

07.新客廳：房間較大，屬於1800年的舞會場所，布置優雅，壁爐也很考究。

08.主要餐廳：由亨利‧福特在1929年增加，樓上是舞廳。右面的牆上，從1946年開始，展示老店三百年的歷史。

09.西邊的廚房：在樓下，非常寬敞，後來改為餐廳。

10.起居室：位於一樓進屋的左面第二間，通常較靜，也是客廳，適合密談。

11.李蒙餐廳：紀念1897年到1921人的屋主李蒙（Lemon）。

12.舊廚房：並非與原屋相連，在1796年增建，擁有大型的舊式爐

☆旅店正門
（右頁上圖）

☆旅店後院景色
（右頁下圖）

灶，烤肉最方便，也是取暖的設備。

13.主人房：與原屋分開，作為儲藏室，到了亨利・福特改頭換面，變成他的私人房間。

14.福特房：1899年名氣漸大，旅店開闢了畫廊與展覽室。1920年變成福特的臥房。

巡迴整個環境，它的名氣遠播是有原因的，原因如下：

・朗費羅路邊旅店已變成「國家歷史古蹟」，同時還包括了附近的其他七項設施。

・紅石學校，建於1798年，一間教室的學校。亨利・福特於1926年購買後移到目前的現場。第二年就有學生上課，從一年級到四年級，直到1951年不再招生。

・瑪法和瑪麗的教堂，1940年的建築。亨利・福特購買後，為了紀念母親與岳母，他在全美國建築了六個同樣的教堂。目前成為一般教堂。

☆福特興建的白色教堂（左圖）

☆藝術家當場作畫（右圖）

☆食品類攤位都擠在一起（上圖）

☆春天的展售會（下圖）

☆當年的牧場今為帳
　篷下的展覽場

- 磨坊：1929年，亨利‧福特建了利用水力的磨坊，今天依然運作。4月到
  11月，旅店裡可以買到它的產品。秋天，楓紅的背景，將磨坊變成人人
  爭攝的對象。

- 穀倉：建於1800年間，可以證明附近盛產蘋果、玉米、稞麥、燕麥。同
  時畜養牛、羊、馬、豬等動物。

- 主人的大樓：大部分開車前來的旅客，第一個看到的建築就是左手的大
  房子，它是整個歷史古蹟的門房。目前成為屋主的住宅，只有這裡是不
  對外開放的。

- 朗費羅玫瑰園：各式各樣不同品種與顏色的玫瑰都有，夏季才會盛開。

- 冰屋：房子雖小，卻有三層，在1930年興建，將附近湖水的冰切塊保
  藏，整個旅店靠它，一直使用到9月。現代大型冰箱與冷藏設備出現，已
  無儲冰必要。湖邊大樹成蔭，多了一處野餐地。

　　在穀倉與磨坊之間，有一大片牧場，目前已無家畜。一年一度的春
天，舉辦園遊會。五十個以上的白帆布帳篷，做為各項活動的據點，以藝
術與手工藝品為主，摻有食品特產，多來自新英格蘭地區。現場播放的是
現代交響樂團的曲子，高雅的活動，流覽每個攤位，很快就過了一天。

麻州中部
MASSACHUSETTS CENTRAL

16.史德橋 (Sturbidge)

全美最好的十九世紀文化村

古老的史德橋文化村，位於麻州中部的史德橋（Sturbidge）鎮。靠近20號公路。從波士頓前往，順著90號公路，在9號出口。若是從康州的84號高速公路往麻州，在2號出口。對這兩個州的居民都很方便。

文化村重建了過去人們的鄉村與農人生活，沒有鐵路和高速公路，沒有工業與科技，也沒有飛機與太空發展。整個世界安寧與祥和。今天的人類無法想像一百七十五年前的情況。你不喜歡吵雜、汙染與緊張，不妨來此一遊。

☆製陶的大爐

文化村開始於1920年，有兩位麻州南橋（Southbridge）的居民亞爾伯特（Albert B.）和錢尼（Cheney Wells），開始兩人的共同嗜好，調查和訪問一些美國的古老建築，列表準備蒐購。到了1936年，已經找到了自己的家、穀倉、別館、沼澤，甚而荒地。他們決定為這些各地的古物有個安息之處，因而在鄰鎮的史德橋，買了250畝的土地。

這塊土地上，有他們想要的田園、森林、小溪、湖泊、山丘、岩石、峽谷，具有早期新英格蘭社區的特色，地面只有兩間房子。

建築物外殼，盡量保持完整，以大卡車運送，內部物件分批包裝。重建的第一批是穀倉，然後在湖邊建了鋸木坊與磨坊，把兩間房子安排靠近在綠地，那就是鄉村店鋪和鐵匠店。

☆文化村是個農業村（上圖）

☆住家與燻烤的小屋（中圖）

☆當年河上的交通工具（下圖）

　　即使在第二次世界大戰期間，重建的工作不曾停過，會議室、旅店、鐘錶店、櫥櫃店、手工藝品中心一一出現。到了1946年，文化村正式對外開放。

　　它是一處私人的、非營利的教育機構，行政人員包括了四百多人，主要的財源是靠訪客與捐款。

　　文化村只有一個出入口，也只有這四棟房子是現代設備：訪客中心、會議中心、禮品店與書店、大餐廳。

　　整個文化村的範圍與道路以石牆圈圍，石頭的大小種類、堆放高度與方法都不同。簡單介紹文化村的重要建設，分三個地區：

・公園綠地和村莊中心

　　01.會員室：凡是贊助文化村而加入會員活動的友誼室。原先是教友派信徒（Ouaker）的聚會處，建於1796年。

　　02.中心會議室：它是一所教堂，星期天的主日崇拜在此進行。同時也是鎮民大會，選舉、演講、政治活動的場所。是象徵文化村的精神堡壘。

　　03.范諾的家（Fenno House）：十八世紀早期建築，

☆新英格蘭玻璃器皿展覽室（上圖）
☆農場的牛（中圖）
☆通往農場的道路（下圖）

全村最老的房子。

04.費奇的家（Fitch House）：原是鄉間印刷業老板的家，建於1735年。

05.銀行：鄉村銀行為好幾個鄉鎮服務，主要工作是貸款給商人、農人和製造業者，建於1834年。

06.綜合商店：鄉下的店鋪什麼都賣，這也是文化村最大的店鋪，不只買得到過去的仿製品，也可以購得現代產物，還有現烤的食品，是從康州搬來。

07.印刷室：從麻州搬來，數量不大的印刷、裝釘和銷售書籍。為本地社區印一些帳單、小冊和單面報紙。

08.果汁製造廠：將蘋果擠壓成汁，裝入瓶中出售，用馬的力量去推動機器，是當時美國最重要的飲品，可熱飲。

09.富人的家：建於1796年，來自麻州，屋主仍然是從事農業，而已成為社區領袖。聯邦式的白色大廈，非常美麗，任何角度都是對稱的，不只有後花園，也有夏日屋，同時附近擁有穀倉與農園。

10.小湖與遮橋：引河水入

湖，主要是儲水為水力之用，有水閘控制。河面有船，也是對外的水運。
河湖之間有遮橋一座，它是有頂的橋樑，在冰雪的地帶，幫助行旅暫歇，
免得凍累而死，來自佛蒙州。

　　11.旅店：早期新英格蘭的旅店，都是在最明顯的中心位置，文化村
也不例外，每個屋裡都有壁爐，它有餐廳、客廳。目前不接受過夜。

　　12.鐵罐店：鐵罐出現約在1830年，功能受到歡迎，輕巧、防腐、容
易保藏，做好的空罐，直接送到市場或零售。

☆有錢人家的住宅及
　後院（右頁圖）

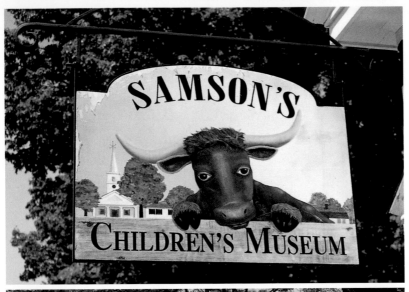

13.**牧師住宅**：十八世紀職位稍高的牧師住家。

14.**律師辦公室**：當時律師主要業務，是有關財產的訴訟、爭論與繼承，和處理一些債務問題。

15.**奈特交換店**：本地社區與外面世界的聯絡店鋪。將本地產物與其他地區的美國貨品交換，或是與外國進品的商品交換。

16.**家畜收留所**：收留迷失的牛、狗等家畜，等待主人確認而領回。

17.**鞋店**：店鋪很小，可是製鞋工業在美國迅速擴展。

148

·鄉間和磨坊區

18.學校：四歲開始入學，不過上課時間與農人生活配合，農忙與收成季節停課，所以只有在12月～3月，和5月中旬到8月才會有學生，教室中央是個大暖爐。

19.陶器店：購自康州，過去鄉間最傳統的手工藝品，多為紅陶，製作成不同的花瓶和器皿，和別人交換，得到其他所需要的物品或是服務。

20.自由人的農場：包括1801年所建的農家、庫房、菜園、田地，整個農場有七十畝地，今日仍然在從事生產，不只有收割，同時畜養家畜，雞群與羊群特別多。

21.庫伯的店：專門做木桶的容器，像是酒或飲料的大圓桶，或是手提的水桶。

22.畢克斯擺的家：這是鐵匠及其家人的窩，比較不受城市建築的影響，仍然過著傳統的生活方式。

23.鐵匠鋪：於1820年，來自麻州。凡是農場的硬體，或是金屬物，不論製造與修理，都在這裡進行，尤其是牛鐒與馬蹄，打鐵聲整天不停。

☆印刷廠外觀（上圖）
☆早期點燃物的展覽
　在此舉行（下圖）

24.羊毛梳刷場：養了這麼多的羊，主要是利用羊毛。在1820年，梳刷羊毛的機器出現，處理纏結的羊毛，比較容易變成紗線，用來織布。紡輪與皮帶的應用，反應到十九世紀水力機械的改進。設備購自緬茵州。

25.磨坊：利用水力轉動三千磅的磨石，把穀物磨細，爐烤成餅，或是餵食家畜。

26.鋸木廠：也是利用水力做上下鋸木，並且可以控制寬度的操作，曾是1830年的專利，將大木頭切成木板，設備來自康州。

·季節性的展覽

27.鐘錶展：主要收藏年代是在1750和1840年間，各式各樣的大鐘和計時有關的物件，全在新英格蘭製造。

28.玻璃製品展。

29.早期點燃物展。

30.小型防衛武器與裝備展。

☆新建完成的餐廳
　（右頁上圖）
☆書店與禮品店
　（右頁下圖）

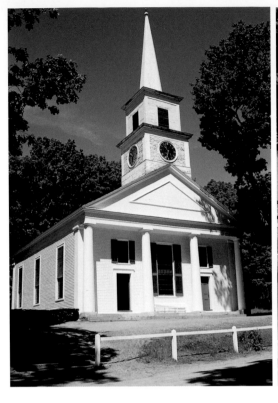

☆教堂建物（左圖）
☆早期戶外廁所（右

31.兒童博物館。

32.手藝中心。

33.特殊用途的花園與儲藏室：這裡栽了四百種以上不同的植物，有很多是難得一見的珍奇品種。在1830年代，很多藥物、廚房香料、飲料（非茶葉）都是長在戶外的園地。旁邊有一間小的農具儲藏室。

17.擺且城（Belchertown）

全美最大人工蓄水池

蓄水池面積遼闊，圍繞四周的城鎮都可以參觀，我們以訪客中心的位置為主，所以目的地是擺且城。

蓄水池位於麻州中部，由波士頓順著90號公路往西，在8號出口，接上32號路往北，再換9號路往西，3哩後可見路標。十九世紀末期，波士頓的人口增加，用水量也大增，因而在1919年，成立了「大都會地區委

☆訪客中心的殘障輪
　椅通道（左圖）

☆訪客中心的大門
　（右圖）

☆訪客中心瞭望台
　（左圖）

☆訪客中心的建築
　（右圖）

員會」（簡稱MDC），經過研究勘察，準備開鑿全世界最大的人工內湖的引水系統，這就是「葵賓蓄水池」（Quabbin Reservoir）。

　　包括了56,000畝的保護水域，附近全是不曾開發的自然地，廣大的空間十分安寧，適合釣魚、步行、騎單車、賞景，同時也是一處研究的位址，因森林深藏無數的寶物。

　　有一個專門小組管理水庫，包括有州警、森林與野外的生物學家、水利工程師、維修的技術人員。「葵賓」（Quabbin）一詞，來自當地的印

第安語，意為「很多水」。過去這個地區就有主河流、三條支流和一些小溪，成為蓄水池後，每天可以供應三億加崙的飲用水給麻州一半的人口。

　　1900年早期，水利工程專家搜尋未來的水庫位置時，發現這裡的河谷就是天然的屏障，四周全被高山包圍，根本就是一處天然的蓄水池界標。而山谷本身又深又寬，成為水庫後，必能解決波士頓人的乾渴。

　　蓄水池的興建，開始於1927年，到了1939年水壩完成，河水流量提昇，在長達2,640呎的距離內，已經離河床有170呎的高度。七年後，水量

☆人工湖入口
　（右頁上左圖）

☆蓄水池堤防
　（右頁上右圖）

☆瞭望台標誌
　（右頁下左圖）

☆蓄水池的環境清
　（右頁下右圖）

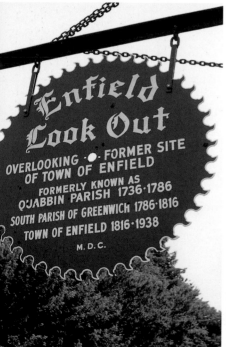

Enfield
Look Out

OVERLOOKING ⦿ FORMER SITE
OF TOWN OF ENFIELD
FORMERLY KNOWN AS
Q'JABBIN PARISH 1736·1786
SOUTH PARISH OF GREENWICH 1786·1816
TOWN OF ENFIELD 1816·1938

M. D. C.

正式灌進水道，水壩已經能夠維護4,120,000,000加崙的水，20,000,000的
水必須流掉，才能保持正常河水的流量。

　　清水經過117哩的水管送到波士頓，在地下200呎的給水系統，日夜操
作。1984年「麻州水源管理局」成立，專門免費維護與發展給水系統。

　　今天的「葵賓保留區」，維護了120平方哩的陸地與水源。在工程進行
期間，淹沒了四個城鎮和附近的一些村莊。很多三百年的建築物、居留地

☆塔樓一景

最接近湖水的地區

和家產，都消失在水底。過去有火車相通，居民可到波士頓或是紐約州。因為當地工廠出品的特產，已經是名聞天下。

　　當謠言開始傳播，為了波士頓人，犧牲四個城鎮，房產一落千丈，似乎不幸與大難臨頭，整個財務崩潰。二千五百位居民離家另覓居地，七千五百位祖先，重新埋在葵賓公園的墓地。1938年4月28日，正式放水，山谷變得清靜，然而令人難忘！設有「瞭望地」（Enfield Look Out），讓人憑弔。

↗森林與湖水相接

　　為了保護森林水源，整個葵賓公園不許打獵、生火、喝酒、游泳、滑冰、過夜，也不能帶走任何境內的資源，像是花木、樹枝、石塊等等。

　　1984年12月成立訪客中心。1987年，增加設備，多了展覽室，收集資料，協助「葵賓之友」的會務推動。整個蓄水池附近，竟有六十個以上的小島，每年至少有五十萬人來此參觀。

　　葵賓公園成為人們最受歡迎的區域，內有9哩的汽車馬路，20哩以上的人行道與林中的小徑，讓散步與爬山的遊客，不致於迷失方向。重要設備包括了：訪客中心、雲塑大壩、雲塑公園、塔樓、瞭望地、堤防、公園墓地、野餐區。

18.春田 (Springfield)

籃球 發源地

　　春田位於麻州中西部，由波士頓開車，順著90號路往西，在4號出口，接上91號公路往南，在7號出口，繼續前進一哩路就到。

　　由於它是麻州第三大城，又位於新英格蘭幾何地區的中央，南來北往的交通，大巴士全經過。

　　籃球的發明人詹姆士‧奈史密斯（James Naismith），春田學院的體育老師。1891年12月中旬，他想創新一種球類，在室內，身體不接觸，而且是全身的運動。

　　1892年1月15日，他在校刊發表構想，且列了簡單規則，分成兩隊，將足球用手拍著傳到前場，想辦法去將球擲進織編的籃內。任何人拿到球，不能抱著跑，必須傳球或拍球。第二年加了鐵框，固定在

☆訪客中心的屋頂全
　是玻璃建構

木板架上。1894年，麻州一家公司製造了比足球大一點的「籃球」。

　　四個月後，女籃比賽在史密斯學院（1893年3月22日）進行，當時男生不准許觀賞。到了1895年，比賽人數由九人減為五人。而籃網底部是不打開的，投進的球仍在網內，由人取出，為了不拖延時間，比賽是用兩個球。一直到1912年，才改為像今天的設備。

　　籃球在美國最受歡迎，室內室外都可以玩。球員也是最少的裝備，成本很低，不受季節影響。由於這項運動激烈，不適合老年人。全世界籃球

☆中庭的一方為美術館（上圖）

☆中庭另一方是圖書館（下圖）

運動的人口最多，而美國職業籃球聯盟的比賽，可以轉播到全世界各地。

　　它也是美國大學最受歡迎的球類，為了爭取全美前十六名的資格參賽，每場全校出動，甚而教練薪水高過校長。尤其是最後的四強籃賽，似乎也是校譽考慮的因素之一。美國職籃的新秀選人，都選自大學，更助長球風。

　　籃球名人館成立後，全世界與美國的千萬球迷，成為每年遊客最擁擠的場所，不斷改建與增添，現在又有了新的籃球名人館，它的位置就在舊館的隔鄰。

　　新館號稱全世界最好的運動博物館，耗資一億零三百萬美元，在2002年9月27日到29日，連續三天慶祝開幕。平日票價十元，而慶祝活動，卻有從免費到三百元不同的五種票價。

　　新館靠近康乃迪克河，不在春田市中心，交通比較不擁擠，緊挨著91號州際高速公路，非常方便遠客。整個環境設施全是新的。長方形的館舍，一角嵌入一個地球，太陽光照射得發亮，塔頂的紅色籃球非常醒目，這樣的排場與設計，有點像外太空站，青少年最喜愛。整個四周被碧綠的草地包圍。

☆中庭間的雕塑

1788年，美國憲法正式通過，聯邦政府為了加強防衛，準備在春田建立兵工廠。當時財政困難，無法直接從國外進口，而必須自製武器。國會通過這項議案，所以在1794年4月2日，兵工廠正式成立。

在174年當中，春田的兵工廠是美國軍事小型武器製造的中心。今天這裡變成了國家歷史的古蹟，也是國家歷史公園務服處的行政單位。大部分的範圍，被「春田技術社區學院」改為校舍。

原來的兵工廠，面積甚廣。目前的範圍雖為遺址，大多殘破，尤其廠房幾乎全毀，只剩屋樑。保全最好的是主要的兵器儲藏大樓，也就是大家所稱的「武器博物館」，只有一層樓的產品展覽室開放。

整個展覽室呈長方形，進屋後是資訊服務台，同時兼售與博物館有關的書籍與明信片。會場有錄影帶播映室。

展品分兩大類，一是武器，長槍、短槍都有，全是放在玻璃櫃裡。另一項是工業，在製造過程中的動力與相關資料，分別放在其他玻璃櫃內。

如果你對武器有興趣，第一項可能要花一整天，由資料與實物對證，研究造形與欣賞成品。不過場地略顯擁擠，參觀人數多時，很難透過玻璃櫥窗細看。

有趣的是，仍然可以在這裡購買美造的來福槍，都是在四十五至六十

　　年以前用過的槍枝，但是情況與性能良好。有三種產品可供選擇，價格分別是美金五百元、四百廿五元、四百元，另加郵寄費用，定購後，將於四十五至六十天內可收到。

　　購買條件包括：美國公民，十八歲以上，博物館會員，確定聯邦政府、州政府與地方政府允許你購買，將貨送到府上，填妥「購買證明與同意書」。

19.南哈德里（South Hadley）

全美第一個女子學校

位於麻州中部的南哈德里鎮，從波士頓前去，順著90號高速公路往
西，在5號出口，接上33號路往北，再轉向116號路繼續往北，學校就在
公路的兩旁，主要校園在右邊，然而有關入學的行政部門卻在左邊。

1797年2月28日，瑪麗·賴虹（Mary Lyon）出生。她認為婦女應該

芒特・霍里歐克學院大門

接受良好的教育，才能對這個社會有所貢獻，所以創辦了「芒特・霍里歐克女子學校」（Mount Holyoke Female Seminary）。

當時的美國正為經濟所困，她坐著馬車到各地募款，從六分錢到千元不等，有些人敬佩她的精神，有的人認為女人就是該在廚房與養孩子。更有些人覺得，這個社會將受女性的影響，不願見到更多的紛擾。

1837年11月8日，學校正式授課，分成必修與選修兩種課程。瑪麗鼓勵年輕的女子，「去別人不曾去過的地方，做別人不曾做過的事」。

優良的教學和實用課程，贏得讚譽。尤其是在自然科學方面，女性辦學的成功，她的影響力波及全球，校友們遠赴國外，幫助中國、土耳其和非洲的興學。

1849年瑪麗去世。1861年，學習時間由三年延伸為四年，正是創辦人的原有計畫。1888年，校友布蘭查德（Blanchard，1858年畢業）成為新校長，學校改為學院。1893年，定名為「芒特・霍里歐克學院」。

繼位者密德（Mead），從1890年做到1900年。1896年的大火，毀了最早的建築，經她努力，新建了物理和化學大樓、體育館和學生宿舍，增加課程內容。

　　其中最有貢獻的是沃理（Woodlley），在三十七年的校長任內，增聘教師、擴建校舍，更新課程、參與國際事務。新女性不只在美國成長，將影響力也推廣於其他國家。1932年日內瓦召開的「軍備減少與限制會議」，她是唯一的女性代表。

☆行政部門的校舍（上圖）

☆校區戶外的表演舞台（下圖）

☆學生宿舍

☆校園中心的獨椅

☆校舍的建築物多為大樓

☆堡壘式的建築物
（左頁圖）

☆校長住屋的大門

★★★
★★★★★
麻州中部

　　1937年出現了第一位男性校長陸斯威爾（Rosewell）。第二次世界大戰，女性報國的機會到來，設立國防學科，訓練女性海事人員，大大提高女性的地位。戰後入學率增加百分之廿五，各地的損款從五百萬增至八百萬。

　　李查（Richard）繼任校長後，改變很多策略，增加了俄國研究部門，充實師資，大興土木，多了心理與教育大樓、實驗室、劇院、健康中心和四棟學生宿舍。

　　大衛（David）在1969年到學校時，越戰正興。全國很多的學校受到衝擊與考驗，男女同校的呼聲響遍各地。1971年11月6日經過慎重考慮，維持創校精神，仍然是一所女子學院。接著成立黑人研究部門，以應時代需求，同時設立許多過去不曾有過的新計畫與新課程。

☆校長公館（左圖）
☆史密斯學院大門
（右圖）

☆校區內藝術中心外觀

　　1978年，新的局面出現。肯南
（Kannam，1960年的畢業生）：本世
紀第一位校友成為校長。增收國外學
生，開設多種外語課程，與國外教學活
動。為紀念創校一百廿五年紀念，捐款
目標是一億二千五百萬，結果得到一億
三千九百四十萬。到了1995年基金總
數已是二億四千六百六十萬，這是各界
對這所學校的信任與肯定的顯示。

　　今日女子學院教職員有二百位，一
半是女性，大學部學生約一千九百人，
其中百分之十八是非裔、亞裔與原住民
的美國人，百分之十五是國際學生。它
的校友都已成為各行各業的女強人，以
智慧、自信、靈敏，為社會貢獻良多。

　　這所女子學院與其他學校最大的不
同，在於教學與課程的宗旨，明確地顯
示是要培養領導的能力，它的校友已有
31,000人，校友會組織與網路，已經形
成了新的女性王國。

☆運動場上舉行校外女子球賽

☆最新設備的田徑場
　跑道（左圖）

☆河岸對面的體育中
　心（右圖）

20.北耶姆朴鎮（Northampton）

全美最大的女子學院

　　校址在麻州中部的北耶朴頓（Northampton）鎮。從波士頓可順著90號公路往西，在4號出口，接上91號公路往北，在18號出口，接上5號路往北，左轉接上9號路，三個紅綠燈後，左轉即校園。

　　史密斯學院（Smith College）創校於1875年，只收女生，目前學生總人數2600人，來自美國50州與世界62個國家，占地125畝，有1,000種課程可供選擇，藏書120萬冊，學院組織包括了100個科系，有103棟學校建築物。

　　整個校園由美國最偉大的園景祖師歐姆斯坦（Frederick Law Olmsted）設計，他是紐約中央公園與波士頓公園系統的設計人。

　　從以上的資料，要想在全世界的學府中，去找類似的紀錄可不容易，目前它是美國最大的女子學院。

　　北耶朴頓的市區，正對著史密斯學院的大門，全鎮有三萬居民，各項設施居於城市與鄉鎮之間，店鋪也是傳統與現代相雜，在學校附近，各式各樣的小店林立。

　　學生不只是來自美國各地，它的名聲使得各國的女豪傑都來此相會，在食物方面，街頭的餐飲十分國際化。

　　夜晚的城市並不寂靜，尤其是剛開學或是期中考後，加上每個週末，不會讓來此一遊的人感覺無聊，有三家電影院，也放映外國片。

　　由於附近是麻州農產品盛地，星期六的農家市場，可以買到又好又便宜的各種蔬菜與水果。到了秋天，楓葉由黃轉紅落滿一地，整個校園像是鮮花鋪地，美不勝收。

　　美國大學的評審，有專家的排行榜可作參考。另外，大學校長的年薪，也可以佐證學校的水準。

　　美國有二十七所高等學府的校長年薪超過50萬。在麻州有波士頓大學、哈佛大學、麻省理工學院、史密斯學院。另外幾所大學，已經邁向這

個目標，包括了阿姆赫斯特學院（Amherst College，全美最好的文科大學）、布蘭岱斯大學（Brandeis University，全美最好的猶太人大學）、芒特·霍里歐克學院（Mount Holyoke College，全美第一所女子學院）、搭福大學（Tufts University）、威廉斯學院（Williams College，美國排名第二的文科大學）。

從這裡可以看出，麻州私人興學的成就。近年來學校之間彼此競爭之激烈，盛行「到校參觀」，高中快要畢業前，遍訪全美名校，做為未來選

校的參考。史密斯學院也不例外。有專人帶領參觀校區,可以旁聽,可以與校務人員會面,也可以跟教授當面請教,希望妳停留時間,愈長愈好,至少是三小時。如果想在宿舍住幾天,瞭解更多,學校願意安排,不是在考試期間就行。

史密斯學院的興建歷史,要回到一百三十年前,在1870年,索菲亞‧史密斯(Sophia Smith)的遺囑,將所有財產設立了這所女子大學。

1875年史密斯學院成立,只有十四個學生和六位教授。1886年,學院設立了天文觀象台,令人驚奇的是,一所女子學院竟要從事這項研究。1892年,史密斯的學生舉行全世界第一場正式的女子學院的籃球賽。

1918年,史密斯學院開始關心國際事務,幫助被放逐或流亡於外國的教師、學者和藝術家。1925年,開始了高年級學生在法國的教學節目。1967年得到第一架IBM有8K記憶體的電腦。1969年,廢掉制服。次年,允許男性訪客白天探訪宿舍。1975年,創校百年紀念,也出現了第一位女性校長。1980年南茜‧雷根(Nancy Reagan,畢業於1943年)變成美國第一夫人。

1988年,史密斯圖書館藏書達一百萬冊。同時巴芭拉‧布希(Barbara Bush,1947年畢業)成為美國第一夫人。而學校被選為全美十大文科學院。1989年,共有一億六千三百廿萬的捐款,是史上籌募基金最成功的範例。

1995年施蒙斯(Ruth Simmons)成為第九任校長,也是第一位黑人女校長。為了安全,成立校警隊。2001年募款的新紀錄,總共四億二千

五百萬美金，這是文科學院從未有過的事。

　　整個校區沿著河岸，大部分的建築物，都是靠東岸，學校的大操場與所有運動設備在西岸，有橋相通，卻不能駕車而過，必須繞道而行。學生宿舍共有四十二棟，學院與行政建築物則有六十一棟。

　　「讀書培養氣質」，只有在史密斯學院，才有這種感受，校園的美麗、建築的典雅，不是親眼看到，不會相信有這樣的學府，因為視覺內的每一眼，都會令人賞心悅目。

美國最早與最成功的校際合作

　　五校聯盟（Five College Consortium）為美國最早與最成功的校際合作，包括：麻州大學、阿姆赫斯特學院、芒特・霍里歐克學院、史密斯學院、漢姆什學院（Hamyshire College）。

　　這五個學校都在麻州中部，彼此距離都在八哩路內。五校間有免費巴士相通，二十至四十五分鐘不等。讓來自於美國五十州與一百個國家的三萬學生，分享師資（2000人）與設備（800萬冊圖書），有六千種不同的課程以供選擇。

☆漢姆什學院的學生
宿舍

☆漢姆什學院行政機
　構（上圖）
☆運動場邊的學生在
　找自己的衣服
　（下圖）

　　每個學校各有特色，學生不只能自由選課，同時可以參加各項活動。
以一週來計，大約有二十場演講，三十八部電影，十八場讀書會，六十四
場音樂會，二十三處藝術展覽。使大學生生活多采多姿。

　　以阿姆赫斯特學院為例，有一半學生從五大學系統選擇，三分之一學

生赴國外學習，所有課，只有教授才能有資格授課，平均班級人數為二十二人。

1870年的畢業生尼西馬（Neesima）是日本第一位從西方高等學府畢業的，回國後在1874年創立「多夕夏大學」（Doshisha）。而阿姆赫斯特的校徽相當傲人：「照亮世界」（Let them give light to the World）。

美國最富傳奇的女詩人狄金蓀（Emily Dikson，1830～1886），生前

只發表了幾篇作品，死後發現總數高達一千八百首。她的出生地就在鎮
上，祖父也是阿姆赫斯特學院的創校人之一。

　　「漢姆什學院」創立之初，卻是一所很特殊的學院。遠在1958年，四
所大學的校長，成立董事會，檢討目前的教學成果，決定成立一所新的學
院，讓學生的好奇心與自動自發，得到認可與贊同，加強師生的關係，廣
泛與多元的訓練學習，人人可一展所長。

　　1965年，阿姆赫斯特校友捐了六百萬。新學校的特色，就是彌補其他
四校課程的不足，目前校友超過八千。同時已有海外的合作機構，包括中

美洲、中國、古巴、法國、德國、印度、墨西哥，學生將前往學習不同的
文化經驗，因為世界就像是一個活教材。

21.鹿園 (Deerfield)

全美最大房舍博物館

　　鹿園位於麻州中部的北端，由波士頓前去，將走2號路往西，約二小
時後，改換5號路（也是10號路）往南，可見路邊標誌。

　　如果從90號路（收費的高速公路）在4號出口，接上91號北上高速公
路，在24號出口，接著5號路北上，沒多久，抵達目的地。

☆遊客住宿的旅店與
　餐廳

　　1936年，康州的亨利夫婦，送孩子進
「鹿園學院」（Deerfield Academy）。這是一
所1797年創辦，全美國知名的進大學前的先
修學校。它位於鹿園村的中心，在學校的附
近，就有那麼一塊完整的豐盛農地，約有一
千畝。

　　受到鹿園學院校長法蘭克的鼓舞，夫婦
兩人決定去尋訪將要出售的古屋，將它們搬
到這裡重新復原。他們對美國歷史很有興
趣，特別搜集美國的裝飾藝術。把老房子買
來後，就可將這些蒐藏品，公開展示於大
眾。

　　1952年，「歷史的鹿園」成立，終於實
現了亨利夫婦多年的願望，將傳統的建築、
農業與早期器物結合，正是這座文化村最大
的特色。

　　今天已有十四座博物館的建築物，展示
了早期新英格蘭生活的25,000件文物。正是
美國人在1650到1850年間製造和使用的，尤

☆亞倫的家（上圖）
☆書店（下圖）

重品質挑選，將是十八和十九世紀最具代表的房舍，讓早期的鄉村重現往日的風貌。博物館的書店，將會買到令人喜歡的紀念品，一共有三千項在藝術、歷史、建築與手工藝的選擇，內部的設計、裝潢與家具在1750平方呎的空間，給予人視覺與藝術的雙重享受。

　　訪客中心提供了豐富的資料，有七種國家文字的印刷品簡介，短片給予概略的印象，主要靠遊客親自登門，去拜訪每個房舍的導遊。要想停留

多日，仔細欣賞，有旅館就在對面，二十三間客房，全是最新的建築與設備，樓下有餐廳，三餐不愁。

「歷史的鹿園」全美知名，尤其在於家具的蒐藏，早期美國的銀器、英國的陶器，和中國出口的瓷器、絲綢和針織品，現已成為珍品。

從1669年開始，一哩多長的街道，成為鹿園的主街。排列整齊，間隔有序，開放的十四間房舍博物館，與住家和公共建築混合，來回的路程很短，停車位置很多，每個建築都值得看，所以停在哪裡都是一樣。

本書根據購買與開放給大眾參觀先後順序來介紹：

01.亞倫的家（The Allen House）：建於1720年，亨利夫婦常常來學校看兒子，都是住在校長家。1945年買下老屋重新修建，增設現代廚房、浴室和臥室。以後來鹿園，創辦人就住在門前有一棵楓樹的L形長屋。該屋全部木造，室內客廳是黃色系列布置。

02.阿序理的家（Ashley House）：是第一棟購買的房子，1726年所建。1733年為牧師阿序理的家。1945年亨利買後重修，三年後恢復原貌，大門的雕刻是少有的，除了支架是原木顏色，內部全為白牆。

03.史泰賓的家（The Stebbins House）：1799年所建的磚房，實在少見。史泰賓生於鹿園，父兄全是成功的農人，他繼續發揚光大，被選為

☆史泰賓的家

鎮長。把這棟房子留給了子孫。1889年換了主人，曾經出現附加物。1945年亨利購後，恢復原貌。很多珍貴的壁紙，已經再也找不到了。

04.霍爾客棧（The Hall Tavern）：建於1765年，1781年變成客棧。霍爾家在1807年成為新主人，繼續經營，曾經增建建築物，1857年出售。當地的歷史協會於1905年買回，做為夏季的活動場所。1949年被亨利收購，搬回鹿園。現在變成了資訊中心。

05.富來利的家和巴勒德客棧（The Frary House and Barnard Taven）：富來利房子建於1740年，廿年後略有改變。1795年加了客棧的建築。一直到1860年仍然完好，爾後日見殘破。1890年被懷古的貝克（Alice Backer）小姐購得，1909年她去世，房產歸當地的歷史協會。1940年轉售給亨利。盡量保持艾麗斯居住時代的樣貌，因她也是一位古物收藏家。

06.迪衛特的家（The Dwight House）：原在麻州春田，建於1722年。到了1750年，門窗全部加大，1950年搬移到鹿園，四年後開放。

這棟二百年前的古屋，保存得很好，原建時的慎選材料，尤其發現好幾百根用手精製的鐵釘，復原時一樣可用。這是亨利最喜歡的老屋之一，一時還找不到適當位置重建，所以等了一段時間。最後在主街的最南端落

184

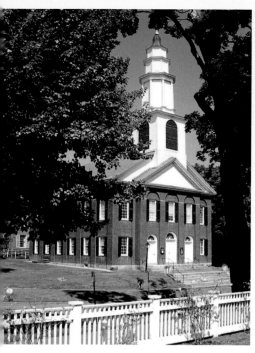

☆教堂（左圖）
☆萊特的家（右圖）

腳，寬敞的環境，呈現了最美的狀態。

07.薛爾頓的家（The Sheldon-Hawks House）：原建於1743年。1800年間加了複折屋頂，臥室有五間。1871年賣給了霍克斯（Hawks）。1925年主人去世，房子留給了女兒。1946年，亨利整修後，租給「鹿園學院」，十年後，變成了博物館。

08.亨利銀器和鐵器收藏：房子建於1814年，隔壁還有一間「銀器鑄造坊」。當1961年的10月開放時，在屋後已經加了一間現代的房舍，收藏亨利高貴的美國銀器。

09.萊特的家（The Wright Honse）：建於1824年，磚瓦的聯邦式樣，都有木板套窗保護，不好的天候或是人們不住的時候，可以關閉。1962年開放給大眾。這間屋裡接受了喬治・克魯特（George Cluett）的收藏品，雖然都是美國產品，可是這些早期的精製藝品已經絕傳。

10.威爾斯的家（The Wells-Thorn House）：正面建於1751年，現在的門已改為聯邦時期的式樣。背面建於1720年。1981年重漆古屋時，經過各地的查訪，發現這種建築物，在羅德島的新港最多。最後決定漆成藍色，才符合1800年代的顏色。

☆亨利銀器與鐵器的
收藏館（左頁上圖）

☆鹿園歷史協會紀念
館（左頁下圖）

房子不大都很工整，窗戶對稱，連邊間都有大窗，在早期不多見。走

到屋後才發現翻建多次。1962年秋天賣給了亨利。原來的主人是一位愛
好古物的醫生，內部陳設保持美好，不少早期的東西，會在這裡出現。醫
生將自己的收藏也捐給了文化村。1987年重修臥室與客廳，一切照舊。

　　11.紡織博物館：（Textile Museum）原是1872年的穀倉，改為紡織博
物館，復於1965年開放。展示早期的紡織品衣服。不過博物館增添了洗
手間、照明與空調設備。內部安排像是男女蠟像的正式舞會。

　　12.威廉的家（Williams House）：殖民地時代的建築，約出現於十

☆郵局　　八世紀中葉，確實年代難尋。不過在1816年和1820年間，曾有很大的改變，幾乎是近於現代化。

　　1838年威廉去世後，老屋換了兩個主人，建築物在1960年為「歷史的鹿園」購買時，簡直不敢相信，該屋是那麼美好，尤其有法國壁紙，大得像是整幅壁畫。

　　當威廉的家被拆後，麻州大學的學生在現場挖掘，研究在1816至1838年間的用物。

　　13. 牧師約翰的家（Reverend John Farwell Moors Honse）：1848年的建築。經過近二年的整修，接近完成。在復原重建階段，一樣開放，只是不能到屋裡參觀。要將幾乎被放棄的房子變成有用，全靠人類的智慧與耐心。1971年創建者亨利去世，他的兒子繼承產業，繼續維持文化村。

　　14. 早期新英格蘭的生活（Flynt center of Early New England Life）：這裡有二千五百件古物展示，一直到1998年才開放。

　　古屋的重建與復原，不只重現美觀與代表性，所有的一切必須真實，符合時代，所以在每個運送、裝配與布置後的老房子，先得有專家學者「檢查」，若有不實或冒充的現象，必須改進。當開放給大眾時才不會鬧笑

話。即使是複製品,也要找到原產地,盡可能恢復原貌。

　　當地的「歷史協會」也在這條街上。它的「紀念博物館」是一棟三層

樓的磚瓦建築，1798年完成。主要收藏當地的裝飾藝術與印第安人的文物，展覽的開放時間是5月至11月。隔壁的圖書館則是全年開放。

　　所有公共建築物，在主街排列成行；教堂、郵局、公園與墓地，都在同一區域，它們的背後是鹿園河，文化村特別設計了草原小徑，讓人們看看原野的廣大的空間。如果有時間，走在鄉村的泥土路上，兩旁全是農作物，將有另一種全然不同的感覺，十分享受。

麻州西部
MASSACHUSETTS
WEST

22.北亞當斯 (North Adams)

全美最大現代藝術博物館

位於麻州西南角的北亞當斯鎮。從波士頓前去，順著2號路往西，130
哩路，約2.5小時可達。

1999年5月30日，正式對外開放，一萬人擠進了足球場那麼大的展覽
室。在夏秋兩季（6～10月）每天早上10點到下午6點，其餘時間為上午
11點至下午5點，每星期二休館。

原來的位置是二十七棟歷史性的各式廠房，經過改裝為多元的展示中
心，主要針對視覺、表演與傳播藝術，是一個非常有彈性的展覽場所。它
提供場地、工具和時間，為藝術家、文化機構和工商界服務，項目包括有
雕塑、劇院、舞蹈、影片、數位媒體和音樂方面。

利用現代高科技與傳播
媒體的合作，產生新的藝術
品。

整個建築，將近有十三
畝的空間，透過空中走廊與
電梯相接。同時有網路連
線，非常容易交換訊息與自
由思想的表達。

世界上任何一處的藝術
內容與產品，很快透過媒體
科技，可以傳到現場。複雜
的通訊系統，早已為潛在的
未來發展設想，視覺和表演
藝術將轉換成新格式，讓國
內外的市場都能分享。

**這裡有全美最大的
現代藝術博物館，
這是舉辦展覽的張
貼海報。**

現代藝術博物館的任務
是要推動與發展當代人的藝

術成就，讓有永久性的場地去製造、展示和傳播現代最好的藝術。

　　由於博物館本身不作收藏，廣大的空間，可以讓藝術家發揮所長，甚而其他博物館或美術館的全套展覽，一樣可以搬來。它有好幾個像籃球場那麼空曠的場地。即使「木馬屠城記」裡的木馬在這裡展出，都不會顯得擁擠。

☆「十四站」特展的
　十四間屋子

　　它有室內與室外的電影院，同時也有室內與室外的表演舞台。音樂會多在夏季舉行，國內外團體都有。而舞會的現場，將是聲、光、樂的三重享受。最好的音響設備、燈光、氣氛與布置。

　　至於兒童的教育節目，一樣受到重視，不論是電影、教唱、教舞、美勞，都經過專家的設計與實驗。

　　甚而嘗試將默片時代的電影，由現場的交響樂團配合演出。凡是得過多項金像獎的經典名片，透過最新的放映設備，再度讓人回味。

　　博物館裡的藝術品，過去多為繪畫、雕刻。在「現代博物館」裡，讓你大開眼界，重寫藝術品的定義，任何材料都可能成為藝術品。

　　其中有一項是在靠窗的展覽室。棉被狀的氫氣浮物，飄在空中，每個都有假人睡在裡面，好像是在天堂。如果未來地球已無空地，只好浮在空中了。

　　另有一項特展，稱之「十四站」（14 stations），為出生於1941年的美國視覺藝術家羅勃・維爾遜（Robert Wilson）的傑作。

　　「十四站」是敍述耶穌一生的重要事蹟。第一站是耶穌被釘在十字架上，最後一站是耶穌復活，其餘的十二站，分別傳誦耶穌的事蹟，每一站就是一間房子，參觀者只能從每個屋子的邊窗觀看。

☆現代藝術館入口處

☆一位中國藝術家設計的龍船

☆最大間的畫廊內景（右頁圖）

☆睡眠者的美夢（美國內戰時的靴子）

屋內的裝飾、擺設與雕塑，配合了聲光化電器化效果，完全有一種親臨現場的感受。十二個故事全是電動的。這項設計原是德國的傳統技藝，自1634年以來，每十年才舉行一次。到了現代，更邀請全世界技藝高超的藝術家助陣。羅勃在2000年被選中，所以這次特展，德國的市長前來協助。

房子都是真材實料，有的還配了彩色玻璃。因而當地的一家木料與電源線路的大店，提供支援。再加上波士頓「歌德學院」的基金，才使得這麼大規模的實物能夠展示。

十四間屋內的布置就像是十四間展覽室，除了羅勃有自己的團隊外，攝影與素描，由另一群藝術家協助完成。

現代藝術不只包括了傳統藝術的內容、主旨與精神，更要顯示現代最新的科技，讓藝術復活，從無聲變有聲，由靜態轉為動態。

一般傳統博物館稱之的禮品店，在這裡有個新的名稱：「硬體」（Hardware），在店裡出售的任何一項實物，都有博物館的標誌。

在入口的庭園，有一項很特殊的自然物的展示「樹的邏輯」，把六株楓樹倒吊在空中種植。到了秋天，楓葉變色，它成了裝飾品。

由廠房轉變為博物館的計畫，在1988年得到麻州議會同意。兩年後，完成了整個作業的研究。1995年同意藝術執照。兩年後，土地開工，第一期工程於1999年春天結束。改建完成的廠房有六間。

博物館環境清靜，後面是山丘，旁邊有溪流經過。它需要巨額經費去重建，而不止復原。利用過去的舊廠房，改建為新博物館，它仍有遙遠的路要走，可確定的是，它有無限發展的未來。

23.匹茲園（Pittsfield）

全美最大震教徒文化村

震教徒文化村位於麻州西邊的匹茲園鎮。從波士頓前去，可順著90號高速公路往西，在2號出口，接上20號路往北（這條路也是7號公路），到了市中心，20路往西，文化村就在41號路的交接處。

從5月到10月，上午10點到下午5點，所有的建築物全部開放。其他季節，有些室內並不開放，並且提早二小時關閉，因為冬季多冰雪，為了安全。

今天的物質文明世界，一切都想求快、求好、求多，競爭無法避免，求勝、求贏變成目標，安寧的世界何處可尋。色情、暴力、吸毒、犯罪，充斥於社會與生活中。來到了文化村，可以暫避這些令人無法擺脫的困擾，所以又稱之「和平城」（The city of Pease）。

文化村回到了簡單化的生活方式，它是一座活生生的歷史博物館，顯示了1783年到1960年間震教徒的社區，他們的教義基於獨身與自治的生活，和招認自身的罪過。教徒們相信，性別平等，主張和平主義，而奉獻自己，共同創造一個地球上的天堂。

☆種植藥草的花園

　　讓雙手專注於工作，將誠心對待於上帝，震教徒（Shaker）的社會是
重精神，而富於經驗與才能。他們這種獨一無二的生活方式，用自己的勞
力在文化村顯示了豐盛的成果。

　　文化村是一座戶外的震教徒生活的領域，占地1200畝，有二十個原來
的建築物，和具有歷史性的耕地、農場與花園，創造了美國最成功的互信
社區。從1783年到1960年，震教徒生活在這片安樂土上，到了1960年，
決定成立博物館。

今日這些建築物、收藏品與節目，顯示了三百年來震教徒的生活、工作與活動。

農場的工作是震教徒社區的重心，家畜的繁殖、穀物的收成和蔬菜水果的豐盛，都要靠雙手。農場藝術化，除了供應自己的需求外，其他都對外銷售。

他們相信勤奮是收穫的主因，勞力就是十九世界震教徒的動力。每個人對農業的經驗與技巧都很有興趣，使得農場的形式更有效率與革新。

　　園藝方面兩項生產，一是草藥，一是花種，若有教徒生病，他們是採用自療法，服用草藥煎熬的湯汁，或是外敷的膏藥。教徒們羅列了三百種不同的植物，而在園地裡經常要輪種九十種之多。

　　雖然他們不是素食者，蔬菜卻是最重要的主食之一，震教徒保存有完整的紀錄，不但列有品種，也包括了園地的操作手冊。

文化村的重要建築，簡述如下：

01.訪客中心：一進大門後有一連串的建築物，包括了主要的三項功能：

博物館商店（Museum store），震教徒的精美手工藝品，在這裡都可以買到，種類繁多，有橢圓形紙盒、竹籃、木製桌椅、針織、藝術印刷海報、玩具。各種草藥、食物和食譜。各類書籍，凡是與震教徒有關的出版物，包括有聲的音樂帶與CD，琳瑯滿目，真是難以選擇。

咖啡室，提供大陸式的早餐點心，午餐與簡便晚餐。各種當場烘烤的 ☆保存完整的圓形穀倉
點心，營養而可口。

震教徒研究中心，2000年開放，主要給予概念的認識，展示一些重要的歷程與事蹟，如想做深入的研究，他們有規模很好的圖書館。

02.花園工具儲藏室：原是夏日屋，搬到現場後，成為工具儲藏室。

03.養雞場：磚蓋的房子，有很大的窗戶，內部明亮，大太陽的冬天非常溫暖。養雞是震教徒最重要的事業之一，雞不是寒帶動物，太冷的冬天會凍死。1972年，改為兩層樓的展覽室。

04.德威爾林的家（Dwelling House, 1830）：五層樓的美麗磚房。在1830年和1840年間，是一百位男女信徒的家。寬敞的廚房，每個月有六位姊妹輪值做飯。設備齊全而方便，像是個大旅館，內有縫製室、退休室、公共室、醫藥室。

二樓以上走廊，一面全是鏡子，內部整齊畫一，像是軍營，可是每個房間的布置與設計真是藝術化，全是地板，任何東西的安放，井井有條，那種乾淨就像是全新的。

05.男教徒工作室：主要製作椅子、掃帚、竹編、木盒、簡單工具，然後與其他店鋪或市場交換所需物品。當然也有很多戶外的工作要靠雙手

☆加蓋的筒倉

去完成。

　　06.女教徒紡織間：她們在二樓生產地毯、毛巾、針織，一樓是出品牛油與乳酪。

　　07.牧師浴室：專為高級和訪問的牧師所設，作為洗澡與洗衣服之用，內有暖爐設備。

　　08.圓形的石造穀倉：整個文化村沒有一項建築物比它更醒目，一則是特殊的設計，再則它四周的寬敞草地，讓人很容易地感受遼闊視野的壯觀與美麗。

　　內部有兩層樓的設備，從正門進去是底層，而後門所連接的空地是小丘，所以仍然是與地面平行，操作極為方便，擠牛奶、存乾草、堆穀物，非常廣泛的用途。

　　09.木造的家畜屋：這是最近增添，由於靠近農場，成了養雞場。

　　10.製革廠：這裡生產皮鞋、皮帽與馬鞍，所有皮件都可承造，利用地下水系統，將水引入水槽。因時間而改變用途，木器製造、擠壓果汁都在此出產過。

　　11.存冰室：從附近的湖泊將冰塊存放在兩層樓的室內，天熱時保護蔬菜與肉類。

☆全美留存最大的震
　教徒社區中心的磚
　瓦五層會議室內景
　（左圖）

☆花園工具儲藏室，
　兩面都有門出入。
　（右圖）

　　12.**車房**：停放第一部汽車。

　　13.**雇用男工的宿舍**：十九世紀末期與二十世紀初期，教徒人數減少，日常的勞工卻要維持，因而雇用男工做些農場的粗工，通常他們都住在社區內。

　　樓下一度是印刷室，任何文件只能印二十份，所以這裡的印刷品都成了珍藏。

　　14.**穀倉綜合體**：三部分不同的結構合成，擴建的時間也不同。目前的功能也是多元性，有一間小型電化劇院，又有一間「新發現」屋，有興趣的人在這裡自己試做一些手工藝品。

　　15.**保管委員辦公室**：原屋簡單而對稱。1895年擴建為現代化，成為商務的辦公室，有一間是產品陳列室。交換的貨物也是暫放於此。

　　16.**蘋果樹園**

　　17.**墓園**：有二百五十位震教徒在此安息。

　　18.**學校**：有些小孩隨父母加入社區。大部分是孤兒或是棄兒，被教會收留，居住在文化村接受教育，學習技能。成年後，由他們自己決定留

在村內或是出外發展。1800年代的學校，男孩是在冬天上課，女孩是在夏天上課。

19. 馬房：當家畜漸多後，將品種分類，馬匹集中於此。馬車出現後，挑選的馬匹與馬車，都停放於室內。1974年後，重新改裝為教育中心，專為學校學生服務。十年後再擴充，增加了其他的展示項目，更多的

實物，讓學生能直接去了解震教徒的日常生活。

20.牧師工作室：這是為年長的牧師而設，他們為社區盡心盡力，從1874年關專室在這裡居住、工作，同時有電視與錄影帶可以觀賞。

21.會議室：整個樓下在星期日做為宗教崇拜之用，男女信徒走不同的門，另外也是做見證、音樂會或舞會的場地。樓上是年老牧師的住處。

22.洗衣間：分開的房間為洗衣、曬乾和熨燙之用。由姊妹們每月輪值來做。後來一半做為機器房，利用水力來鋸木，附近有湖泊，引水系統非常完善。

目前各建築物間的通道只有四分之一哩，現在已經得到基金，將完成全部一哩的小路，讓輪椅也可以抵達森林與田野。並且重新規畫更理想的路線，不會讓遊客錯過任何重要的展示。

24.里諾克斯（Lenox）

全美第一位女性獲普利茲獎

耶娣斯·瓦頓（Edith Wharton）的家位於麻州西部的里諾克斯鎮。從波士頓前去，順著90號公路往西，在2號出口，然後接20號路往西，三哩路後可見路標指示。全程約2.5小時，若從紐約市開車要3小時。

確實地址是朴朗凱街（Plunkett Street）2號，正是7號與7A路交接處的南面。大廈開放時間，從5月3日至11月2日，約為六個月。

耶娣斯於1862年出生於紐約市，家庭富有，從小靠家教與自學。在十四歲寫了第一本小說，她是個工作勤勞而多產的作家，在四十年間，出版了四十一本書（十一本是短篇小說集，九本是非小說，二十一本是小說）。

1885年與泰迪·瓦頓（Teddy Wharton）結婚。五年後，他們在羅德島州的新港（New Port）購地建屋。在1899年，他們到麻州西部的里諾克斯遊歷，非常喜歡自然的環境。

1901年2月買了一塊地，開始蓋房子，進展很順利。第二年興建完工，根據她在1897年出版的《住家的裝飾》的建築學知識。為了紀念曾

☆耶娣斯·瓦頓的家
（右頁圖）

祖父曾經往過的地方，取用同名「山丘」（mount）。賣掉了在羅德島新港的房子。

　　1905年《甜蜜的家》（The Honse of Mirth）就是在山丘的大廈內完成。1911年兩人分居，未得耶娣斯同意，泰迪將白色的樓房出售。耶娣斯遠走法國，住在巴黎近郊。

☆入口是在後花園
　（右頁上圖）

☆花園的噴泉
　（右頁下圖）

第一次大戰期間，耶娣斯得到法國政府頒授爵士勳章，感謝她支持許多人道主義的活動。寫作與閱讀是她一生的最愛。1920年《純真的年代》（The Age of Innocence）得到「普利茲獎」。1923年，第一位女性得到耶魯大學的榮譽博士學位。她也是第一位女性成為「美國藝術與文學學院」的正式會員。

1937年於法國去世，享年七十三歲。

「山丘」是一座自傳式的住家，從建築最細節的部分，一直到整個花園計畫，包融了創建者的精神。1971年，設計為「國家歷史的地標」（National Historic Landmark）。

1980年，成立「復原委員會」，準備恢復當年的盛況。不只是整修大廈的外貌，還要好好保藏那2600冊圖書。

2002年，總統夫人羅拉·布希（Laura Bush）成為「百年慶祝會」的榮譽主席。次年，獲得數百萬

巨額捐款，將重修三樓以上部分建築。

參觀大廈的門票十六元，比一般博物館還貴。贈送一本十六開近百頁的介紹《百年紀念雜誌》。

百年後，復原的耗費總額超過當年新建的工程。復原的過程，由親自參與的藝術家們作了詳盡的敍述。可以對照原來與復原後的每個房間的特

☆走向森林的草地

色。目前只完成了第一期的進度，三樓內部仍然荒癈，有待整修。一樓和二樓部分，需要興建。三層樓的建築，房子約有四十個隔間，分別有不同的用途。

舉例而言，餐廳的復原工作，參與的公司與個人就有二十三組，他們要完成的項目包括：1.牆與天花板的粉刷、2.瓷器與水晶、3.中國式大花瓶、4.壁爐的鐵柵、5.法國銅器、6.鍍金的古典鏡子、7.牆壁的雕飾、8.餐桌面、9.餐桌底座、10.檯布與桌布、11.窗簾配備、12.絲質窗簾、13.窗簾安裝與裝飾、14.水晶與金屬燭台、15.裝飾畫、16.瓊麻地毯、17.圖案地毯、18.法國櫥櫃、19.法國螺形支柱的小桌、20.其他家具。

還原的步驟，盡量符合當年的實物，工作的進行與程序，需要有策畫周詳的專家。除了瓷器與水晶公司來自於麻州外，其他的廠商全都是從紐約請來。這只是其中的一間，就是每個樓梯、走道、門框，都很花心思去設計與裝飾。二樓的房間，每間都有壁爐，窗戶很大，白天室內的光線非常明亮。

☆修建過後復原的餐
　廳（博物館提供）
　（左頁圖）

氣象萬千的建築，內部極盡豪華，舒適而具藝術的氣氛。四周森林圍繞，她選擇了義大利式的庭院。

213

☆博物館辦公室

☆博物館正門

☆博物館側門

　　耶娣斯不只是一位多產作家，同時也是一位園藝者。1903年前往義大利，觀察與研究，第二年出版了《義大利別墅和花園》。所以面向花園的房間都是大窗子，並且經過陽台、有石階走向花園。

　　建築與花園是整體的，所以從1999年，在花園的復原就費了二百五十萬美元，目前可以說百分之九十已完成。另外設計了一個圍著噴水池的法國花園。在森林裡，她也構思了「山岩園」（Alpine Rock Garden），裡面有假山、岩石、松樹，很有東方風味。

　　耶娣斯利用自然，美化自然，從入口小徑走向建築，四周的茂密森林，您會發現在這四分鐘的步行期間，已經讓遊客們領略了大自然給予人們的可貴資源。

25.史塔克橋（Stockbridge）

全美最早的畫家博物館

　　諾曼・洛克威爾（Norman Rockwell）博物館位於麻州西部的史塔克橋。由波士頓經90號高速公路，在2號出口，然後接102號公路往西，再轉183號公路，車行0.6哩到達博物館，車程大約是二小時半。

　　如果從紐約市前往，也是二小時半，若由康州的哈德福（Hartford）駕車，只要一小時半。

　　由於博物館位置與康州、紐約州、佛蒙特的邊界等距離，所以從任何
方向前去，都很方便。

　　尤其經過史塔克橋鎮中心的主要街道，「紅獅旅店」（Red Lion Inn）
與附近的建築物，讓人覺得是那麼熟悉。諾曼畫過的小鎮，至今不曾改

☆停車場旁的雕塑

變，當地居民希望永遠保有畫中的美景。

在美國畫家中，僅有少數擁有專屬的博物館，而以諾曼博物館成立最早，1969年開始在「古角屋」（Old Corner House）開放給大眾。參觀的人越來越多，影響了小鎮的交通。廿四年後，決定擇址重建，找到了美麗的河谷，由國際名建築師史坦（Robert A. M. Stern）設計。

1993年6月12日，新館落成，耗資九百二十萬美元，全部占地36畝，建築面是27,000平方呎。同時也將鎮上的畫室，移到新館附近的丘坡上，裡面設備齊全，有家具、日用品、圖書與旅行帶回來的紀念品，當然有作畫的工具，包括畫架、調色盤、畫布、各種畫筆顏料。它與展覽館約距200公尺，開放時間只從5月到10月。

開幕以來，第一年的參觀者，超過二十七萬五千人。新館聘雇三十二位全職的專家學者，和四十位兼差的助理，加強對國內外在教育項目的服務。前總統克林頓稱讚：「新館幫助教育美國的下一代，從諾曼的世界裡，得知他的不朽工作，讓千萬人了解這些期望、信心、潔淨，正是美國夢想的基石。」

諾曼‧洛克威爾1894年生於紐約市，十五歲離開高中去學藝術，先是在「國立設計學院」（National Academy of Design）入學，然後進入「藝術學生聯盟」（Art Student League）。

　　他只畫「美國和美國人」。諾曼的題材是植根於對美國的價值與榮耀，從不去探索醜陋與黑暗，只選擇能強調美國特色的正面。他描繪理想的人生，至少完成了四千張以上的作品。他是當代美國人生活的記錄者。福特總統曾經頒獎，稱讚諾曼是「生動和深情描繪我們國家」的畫家。

　　諾曼是美國社會中最為人知曉的藝術家，也是最受歡迎的畫家，人們對他的熱愛，完全出自於諾曼的傑出表現。他的特質有：

　　1.謙虛的專業者：從出道一直到成名，從不敢自稱為畫家，諾曼說：「有些人實在太客氣，稱呼我為偉大的藝術家，我常自稱為插畫者，我也不知道兩者的差異，我只知道不管做哪類的工作，就是要全力以赴，藝術也就是我的生命。」

　　2.熱愛工作，珍惜時間：諾曼說：「有那麼多要學，有那麼多要做，到現在還是這樣，我從來沒有足夠的時間去繪所有喜歡的圖畫。」即使到國外旅行，也不忘記學習。全家到巴黎，諾曼拜訪藝術學院，準備短期進修，這些法國教授告訴他：「我怎麼去教一個週薪比我們年薪還高的學生。」他始終是個美國畫家。

　　3.感恩知遇的人：當他二十二歲，在美國最暢銷的讀物《星期六晚間郵報》刊出了他的第一張封面圖，雙方合作延續了四十七年，總共三百廿二張。他為童軍雜誌和月曆設計的工作，長達六十二年。沒有一位畫家有這樣的紀錄，他是一位惜緣感恩的人，毫不計較酬勞。

　　4.堅持原則、潔身自好的畫家：絕不受流風或派別的影響，不管是抽

221

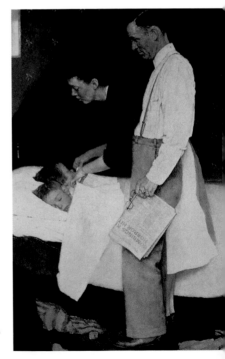

象畫、裸體畫，他仍是傳統的美國畫。藝術追求真善美，只有諾曼實踐。他的畫面充滿親情寫實畫、家鄉美景、祖孫同樂、童軍行善。

5.**少有的愛國者**：第一次世界大戰爆發，要求加入海軍，體重還差十七磅，所以分配的工作是主編營區報紙。第二次世界大戰爆發，他已經太老，無法加入軍隊。響應羅斯福總統的「四大自由」號召，先後刊出四種版本，與財政部配合銷售戰爭債券。有七萬人寫信稱讚他的作為，羅斯福總統邀諾曼在白宮共進午餐。他變成美國最有名的畫家。

6.**對下一代的影響力高**：諾曼愛兒童，早期插畫少年故事書，希望為他們選擇讀物。編輯童軍雜誌與參加童軍活動，完全是導引男孩的正常活動。他不是教育工作者，可是自己的作為表現與繪畫主題給予美國下一代最大的影響力。今日很多美國人承認這項事實。

他對宗教並不熱中，可是他比教徒更守戒律。「無論何事，你願意人怎樣待你，你也要怎樣待人」。諾曼將「黃金律」選為畫名。「全國基督教年會」頒獎給諾曼。美國國務院以「黃金律」為主題，拍攝一部短片，說明美國社會的包容性。不同的宗教、種族、膚色、性別都受到同樣的尊重。

☆諾曼獨創的「三面自畫像」（博物館提供）

國家圖書館出版品預行編目資料

美國歷史文化根源紀行 =
A Journey to the Origin of History and Culture in America
李家祺／撰文・攝影. -- 初版.
-- 台北市：藝術家，2004〔民93〕
面；15×21公分.

ISBN 986-7487-21-4（平裝）
1. 美國麻州 – 描述與遊記
2. 美國麻州 – 人文

752.7149   93010886

A Journey to the Origin of History and Culture in America

美國歷史文化根源紀行

李家祺／撰文・攝影

發行人 ｜ 何政廣
主編 ｜ 王庭玫
責任編輯 ｜ 黃郁惠、王雅玲
美術編輯 ｜ 許志聖

出版者 ｜ 藝術家出版社
台北市重慶南路一段147號6樓
TEL：（02）2371-9692～3
FAX：（02）2331-7096
郵政劃撥：01044798 藝術家雜誌社帳戶

總 經 銷   時報文化出版企業股份有限公司
桃園縣龜山鄉萬壽路二段351號
TEL：（02）2306-6842
南部區域代理   吳忠南
台南市西門路一段223巷10弄26號
TEL：（06）2617268
FAX：（06）2637698

製版印刷 新豪華製版・欣佑印刷
初版 2004年8月
定價 新台幣380元

ISBN 986-7487-21-4（平裝）

法律顧問 蕭雄淋